幸福除垢學

—— 滌除心垢、腦垢、身垢，
踏上身心靈煥然覺醒的旅程

陳立維——著

Eudaimonism

交付　進化的極致
成就　療癒的全部

獻給雲子和慧婷，感恩、不捨、懷念。

人多勢眾的「主流」，
不一定直指絕對真理！

張瓊如／煥源生命管理教育創辦人

請你，不要輕信陳立維老師！
不要輕言你有多愛自己！

你認為：醫學和神話迷信，是對立的二回事嗎？

以色列歷史學家尤瓦爾・哈拉瑞（Yuval Noah Harari）在他的著作《人類三部曲》中直指：人類以靈活語言和虛構的想像而團結壯大，並一步步發展出當今與自然生態失聯失衡的「大人類主義」文明。

人，因共同的「信仰」而凝聚壯麗。

不同世代，人們因著共同奉信的虛構認知（一般稱之為「價值觀」或「理念」），組成所謂的：宗教、民族、國家、公司、品牌。而隱藏在「群神力」背後的弔詭是：一旦成為某種虛構信念

下的成員、信徒或粉絲，往往就是理性判斷受到扭曲考驗的開端。就像幾千年來的宗教傳述，無論科學界發現什麼，擁護者總會找到辦法去圓說典籍，堅定守護宗教傳統的神聖不可侵犯。

迷信者，永遠不會修改自己奉信的故事或價值觀。

且讓我再問第二次：「你認為：醫學和神話迷信，是對立的二回事嗎？」

我們都知道：發展上千年的自然醫學，從歷史主流被貶斥為另類異端，西醫被理所當然的拱為「主流醫學」，大約只有二百年左右的歷史。人類從靈禱、巫醫、針灸、湯藥，到今日西醫科學大神登場，不同專家（大巫、醫師、科學家、網紅、老師……）的觀點，其實都暗示著不同的宗派教義，而背後一致隱藏的……其實是亙古以來對於「生老病死」的人性恐懼和貪欲。

人類追逐滿足「永生、健康、快樂」的欲望幻想，是世代接棒的試錯究理過程，觀察近代醫學發展史不難發現：西醫透過「生物科學」掌握講故事的話語權後，每隔十～二十年，就有新研究翻轉原有的詮釋脈絡。

我要表達的是：任何學派都必然有仰奉如大神的追隨者，並暗伏流傳不明就理的「專家迷信」——包含健檢數字和生技醫藥，同樣逃不過倨傲偏見造成的盲區。個人認為：在大造的生命奧祕之前，能否勇於承認：「人類囿於感官局限，可能會有推論認知上的暫時謬誤」，能否勇於翻盤突破已知，是判別一個詮釋到底

「是神話？還是真理？」的觀察尺標。

陳立維老師說：「傾聽身體的聲音對我們來說是耳邊風，其實不是不想聽，是不知道怎麼聽，也聽不懂。」問題背後的根源在於「一知半解是問題，不求甚解是問題，理所當然是問題，視而不見是問題」。網際網路時代，碎片化的資訊紛至沓來，如何在百花齊放的健康萬花筒中，不成為知識洪流的奴隸？號稱是「主流」者，就是真理的聖者嗎？合法證照者的言論就必然合理嗎？今日的「是」，有沒有可能是建立在昨日尚未被勇敢揭示的「非」？

百家爭鳴的健康宗派教義，有相似的，也有水火不容的；有可以共存的，也有相互排斥的。那到底信誰才真能得永生呢？信傳統？信流行？信教科書？或者是乾脆什麼都不信？！如何不成為人云亦云的「迷信」奴隸，智者佛陀在《羈舍子經》提出「十不依」的獨立智慧原則：

1. 不因他人的口傳、傳說，就信以為真。
2. 不因奉行傳統，就信以為真。
3. 不因正在流傳的消息，就信以為真。
4. 不因宗教經典書本，就信以為真。
5. 不因邏輯正確，就信以為真。
6. 不因符合哲理，就信以為真。
7. 不因符應常識推理，就信以為真。

8. 不因符合己見觀念，就信以為真。

9. 不因說者的威信，就信以為真。

10. 不因對方是導師或大師，就信以為真。

風說、傳說、臆說、經典說、尋思說、理趣說、熟慮說、共鳴說、專家說、大師說……皆不可輕信?! 將以上佛陀關於「信」的十個準則，對比目前短資訊滿天飛、人人皆可立說成為網紅專家的資訊暴走時代，可說是直戳當今「知識暴食族」的敏感神經！

佛陀不是倨傲的懷疑論者，祂直指「信」的最高指導原則是——「沒有做的結果，等於不相信」。任何未經自己親身實踐、印證的熱點新知，都應先保持冷靜、不急著輕信盲從。這種「信」，讓人在獨立的覺知能力中，不自囚於專家威名或流行、傳統。

因輕信、迷信，對人的思、言、行所造成的「囚禁效應」，即是陳老師多年來以醫師世家出身，卻不斷著書、登台反骨疾呼審視西醫藥盲點的發心所在：「傳統這個名詞表面上有接近保守的意境，而保守則有不能改變的壓力，代表一種不能做自己的環境，這是一種違逆生命價值的風氣，這是一種有很多人從來都不知道為自己而活的悲慘世界。」

「在民眾心中，傳統醫療依然代表先進，也代表權威，所有的證據都顯示它有脫胎換骨的必要。可是傳統總是沉重，傳統總是每

一個人一生難解的習題。」

「幸福除垢學」怎麼除？如何學？本書中沒有任何一蹴可幾的健康神話，見過作者本人的讀者都同意：陳老師台下靦腆謙和的書生風範，絲毫不見偶像男神的岸然造作。這裡沒有信靠神蹟，這是陳立維老師面對人們「病苦」輪迴，不斷慈心演示直指的凡塵解脫寂滅之道：「身體不處理食物就處理廢物，這是身體的智慧，也是本能，是生物的設定，也是造物最縝密的原創。」

「我們和身體不溝通，我們不對自己的身體同理是遠離自己的起始。說的和知道的不相同，說的和做的不相同，最終細胞的記憶和自己的認知相距遙遠，身體只能透過更加劇烈的訊號來提醒。」

如果，二百年來我們信仰的主流仍藏有神話迷說，那麼本書企圖翻轉的故事真相究竟是什麼？什麼是「幸福除垢學」？垢在哪裡？「思考有垢、情緒有垢、身體管道處處藏汙納垢」。陳老師說：「我們有機會活得比現在更輕鬆、更快樂，而且更加遠離病痛，能力與機會都在自己身上。」

重要的問題值得再問第三次：「你認為：醫學和神話，是二回事嗎？」
人，因共同的「信仰」而凝聚壯麗。
但重點是：人多勢眾的「主流」，不一定直指絕對真理！

1. 你不需要因為坊間斷食傳說，就信以為真。
2. 你不需要因為斷食淵源流傳，就信以為真。
3. 你不需要因為名人盛行斷食，就信以為真。
4. 你不需要因為諸多斷食名著，就信以為真。
5. 你不需要因為斷食邏輯正確，就信以為真。
6. 你不需要因為斷食符合哲理，就信以為真。
7. 你不需要因為斷食符應常識推理，就信以為真。
8. 你不需要因為與斷食觀念共鳴，就信以為真。
9. 你不需要因為陳老師的威信，就信以為真。
10. 你不需要因為眾多大師名人推薦斷食，就信以為真。

請你，莫因陳老師光刀級的文字激發力，就輕信他、為他的熱血喝采！

請你，不要輕信斷食對健康的撬動反轉威力！

請你，不要輕信陳立維老師一字一語！

請你，不要輕言你有多愛自己！

因為——在你將「幸福除垢學」親自體驗實證為「幸福除垢行」之前，所有你對健康的信仰，都有你未曾修煉到位的「迷信」盲區！

健康行者們，你夠了嗎？！垢了嗎？！

由衷祝你 體證生命的煥源新視界！

與身體共舞

黃彥學／家醫科醫師

你曾經想像自己年老後的樣子嗎？

我是一個家醫科醫師，在三十歲的時候，曾經想像二十年後的自己，應該跟我大部分的病人一樣，有著慢性病，每天服用一堆藥物。究竟，我從住院醫師以後，身形就是肥胖臃腫，加上先天的地中海貧血、過敏性鼻炎，在我的醫學教育裡，或者一般人的觀念裡，「生、老、病、死」似乎就是人生的寫照。

三十八歲糖尿病重症，雖然幸運的從鬼門關走一回，還不到四十歲的我，每天十多顆的慢性病藥物已經與我為伍。在飲食與運動的調養下，雖然病情穩定，但是心裡難免會想著：是否有一天可以脫離「與藥共舞」的日子，甚至是可以回復到身體健康的狀態？！

直到有一次回診，我的主治醫師告訴我，雖然目前情況穩定，但是無法難保二十年以後，不會開始進入洗腎的日子。這對我來說有如晴天霹靂，心裡面很清楚，目前的醫療無法逆轉我的疾病，回復我的健康，只是可以控制著不讓它快速惡化！我想這不是我要的未來生活，世界上難道沒有方法可以讓我脫離這樣的宿命？

天無絕人之路，從接觸學習間歇性斷食，我看到了逆轉疾病的曙光，更藉由「初斷食」的因緣，幸運的認識了陳立維老師、認識了「自律養生」！

跟著立維老師學習這幾年下來，讓我瞭解：原來我們在斷食的時候，可以打開跟自己身體對話的那扇門，原來神醫不用遠求，每個人的身體就是自己的大醫王！還有「養生」不是只有「養身」，還有「養心」，當你學會「愛自己」的時候，最稱職的療癒，就在自己身體裡面！

今年我五十歲了，我逐漸脫離了藥物生活，我可以對自己的身體健康充滿自信，我可以遠離了六十歲等著要洗腎的宿命，我可以期待在七十歲的時候，優雅的進入老年生活。原來年老不一定要有慢性病或癌症來陪伴，我們也可以期待成為健康人瑞的未來！

真的有那麼多一輩子好不了的疾病嗎？！還有你的醫生為何治不好你的慢性病？！史懷哲說過：「這本來是職業機密，但我還是要告訴你，我們醫生什麼事都沒有做，只是幫忙跟鼓勵你內在的醫生。」

在這本《幸福除垢學》裡，每個人可以瞭解認識「身垢」、「心垢」，還有「腦垢」的存在，也可以學習如何「除垢幸福」！

「止於至善」的智慧結晶

蔡凱宙／蔡凱宙自然骨科診所院長

智慧結晶：幸福除垢學。

Enough is enough. 垢真是夠了。

垢：不舒服亞健康

晶：高效能真健康

每個分子都無垢，方能成結晶

每個細胞都淨化，才能高效能

很榮幸有機緣能夠為立維老師的《幸福除垢學》寫推薦序。

立維老師著作等身，「立」論深、思「維」廣，真是人如其名。

其文對仗工整，婉如詩詞古賦；閱讀起來不僅知識含金量超標，

更適合口開朗誦，宛如公開演講，文字擲地有聲。

立維老師是「醫生的兒子」，自幼受到最好的教育，因著對於生命的覺知，沒有走上傳統的「繼承父業」的那條路。神奇的是他成了身心健康的養生大師；相較於被藥廠掌控的「醫生」，更能夠為人帶來幸福。相信在天上的陳騰蛟醫師一定以立維老師為榮。

垢真是夠了！很佩服立維老師的思維及立言的功力。這本書的思想文字發生在每天的日常生活中；讀到此書，深感共鳴，原來養生之道離你我不遠──就在你我日常的吃飯睡覺、行進坐臥、打情罵俏之間！

幸福的路上，一路除垢。修行之人必定「聞過則喜」，「改過向善」，最終成為「止於至善」的智慧結晶！

了悟

回想寫書的起心動念，可以很單純說只想留下紀錄。至於記錄什麼，早期沒有很明確的方向，唯一的信念是自己腦海中的豐富想像力。

我寫作的動機連結到身為人的價值，深信人都可以為世界做點事情，不認為人可以白活這一生。

生命留給我不少重要的印記，裡面盡是價值觀的衝突和驗證，原生家庭的價值思維影響最大，包括病人對我父親感謝磕頭的印象，包括母親和我的價值觀碰撞的印象。

我不認為家教嚴格是一件壞事，嚴格說，我父母的教育談不上嚴厲，可是家裡就是存在嚴厲的氣氛，相信跟我從小和祖父母住在一起有關，因為多了一層管教。

不順從和嚴厲有所抵觸，對立可能直接勾引病痛，這兩條線可能

都發生在我身上，也可能會造成不好的結果。

從小到大都和醫療脫離不了關係，此刻的我竟然存在和醫療完全無關的養生觀，針對醫療，我能說的剩下人的無明，細部解構就是貪得無厭和自私自大。

你一定要相信，當有一方說的永遠都對，他們所言一定都不對。

我在是非對錯的環境長大，這種教育喚醒我小時候極度不快樂的記憶；因此就努力用價值來取代對錯，就努力用真理來征服是非論戰。

我很熟悉病人對醫生感激涕零的畫面，這是一種看似毫無爭議的價值教育，可是一般人看不到它失焦的部分，最該感謝的對象竟是最常凌遲的對象。

感謝醫生沒有問題，醫生至少為你的疏忽盡了善後的處置，可是療癒工程和醫生的專業沒有任何關係，身體才是你應該要磕頭感恩的對象。

對於養生的階段性覺悟都從轉換成身體視窗開始，這就是我從事養生教育的方針，曾經比喻自己像是在十字路口指揮交通的義消，引導車子走不擁擠的路。

遠離自己是一種集體迷失，這是我母親和我之間的衝突來源，書讀得好就得去從事能夠匹配的行業，和沒有身體的視角一樣，我的上一代少了尊重個人天賦的養成。

民間存在一種階級意識，看得到成功者的身影，看得到貴族的足跡，我從小沾染到這種攀高結貴的氣氛，內在卻不斷出現掙脫桎

梏的聲音。

從生命的初衷，每個人都平等，從身體的立場，我們更是平等擁有護衛健康的能力，可是身為人的生命考題中，橫豎都是引導我們迷路的人性角力。

醫生的位階就是最恐怖的偏執；形容成恐怖，因為處處是趨之若鶩的追逐，因為處處是口碑行銷的市場。醫院的存在無可厚非，問題是身體不存在，成為全人類最大的觀念破口。

我們都有機會活得比現在更輕鬆、更快樂，而且更加遠離病痛，能力與機會都在自己身上，可是我們硬是把這一切天生的資源丟得好遠，我們硬是藉由自己的聰明智慧選擇不再相信自己的天賦。

我的思緒經常糾結在「咎由自取」和「作繭自縛」的意境中，類似的電影劇情不斷在我眼前上演，每個人都很會殘害自己，然後請求別人來修理自己的傷口。

或許是召喚，或許是命定，我的生命轉折似乎隱藏著很多連結，有些困境是必要的發生，有些衝突是必然的歷練，階段性的頓悟都是必經的開門。

人生是修行路，健康是一條反璞歸真的修行路，共通之處是往內看，共同的道理是自己原始就擁有。該做的是不停的練習以及不間斷的進步，我們都將在和自己充分對話之後，了悟這一生的職志。

除垢學
幸福

contents

| 第二章 | **健康 快樂 幸福**

| 第七章 | 索命效應（身垢）

我的除垢旅程

和身體對話是我認識除垢的第一階段,身體就在觸摸得到的地方,可是對話卻需要特殊的機緣。

民眾多半陌生,決定投入「身體意識」的教育是我個人的責任視窗。

超過十年的歷練,「生物設定」進入課程綱要,成為我解說身體天賦的窗口。

這十多年,我在減法作息中探索身體的脈絡,也在沒有精緻食物進駐身體的時間延續中體會身體的需求。

在補給品和營養素的破口發現一條無可取代的道路,終於在對進化到極致的人體全然臣服的某一刻,我寫下「身體無所不能」的感動。

極度另類的藍海市場就在眼前,是一種全球性的廣大需求,每個人的身體都在大聲吶喊,可是有多少人願意很有耐心也很果決的

聽聽身體的聲音？

「斷食」或「不吃」都是令人卻步的名稱，在我的經驗中看到失焦的結果，因為重點不在行為以及行為背後的恐懼，關鍵就在我們生命中的承載工具：身體。

身體是你，你是身體，身體是自己，自己是身體，我們和身體不可分割，卻形同分割。

除垢不是學問，不是理論，是實踐，是和身體對話的行動章程。

除垢有層級，有深淺，不論是身垢、腦垢或是心垢，彼此之間或者糾纏不清，或者可以局部分離。

區分哪一種垢不是重點，重點是你能體會到那就是一種垢。

我的除垢旅程順序是先除身垢，接著領悟人人皆有的腦垢，說知識障就比較容易懂，對於身體脈絡的融會貫通都在體悟心垢的殺傷力之後。

有一種體會很強烈，我不只一次在講堂中分享，深覺最懂疾病的是心理諮商師。

那是在我全盤理解疾病的軌跡脈絡之後的某一刻，那是我不停跟學員分享周慕姿那一句「你的人生要讓誰滿意」之後的某一刻。

如果我說面子幾乎是終結每一個生命的殺手，你相信嗎？

如果我說癌或腫瘤都和親密關係脫離不了關係，你相信嗎？

人之所以為人，那真是一種領悟之後的悸動，原來迷路是必經之過程，原來投胎之前都很明確，只是一直沒機會覺醒。

不需要刻意談修行，因為人生就是修行，每一個念頭都是修行，

每一個情緒都指向修行。

很多人的幼年經歷過霸凌，發生在家庭和親友鄰居，或者發生在學校，這些印記都連結到生命最終的病痛。

我從未被霸凌，也不曾經歷霸凌，可是我領悟到不成熟的家庭教育環境很可能就是一種霸凌的過程，重點是你我都是霸凌者。

類似於我對於餵毒的詮釋，我們要上一代吃藥，要下一代吃飽，兩者都是餵毒。

求學過程一直被灌輸面子的重要，我們家是真的大剌剌談面子，因為不能丟臉，成績的價值就是父母親的面子。

這樣說不是責怪父母親，畢竟他們都不清楚這種環境的破壞力，他們甚至無法理解這種面子教育可以毀掉一個孩子的一生。

類似的心垢囤積在多少人的記憶深處，輕則影響人際關係，重則毀掉健康，也就是把好好人生就輕易的點火燒掉。

多少學生只把我視為除身垢的宣導者，他們無法理解在宣導過程要經歷過多少腦垢無理的攔阻，也不願意知道把心垢的學分修完後才有圓滿人生的機會。

我最難過的是學生不再學習，買書讓我簽名後就束之高閣，從未打開來讀它一頁。

導致不再學習的前期是腦垢，找了所有可以不再上課的藉口，最終心垢一定會加入戰局。

這種人性的戲碼看得夠多，我除了回應「夠了」，也只能回答「垢了」。

推己及人不是多麼高尚的情操，除了是快樂的泉源，有些事情就
是必須努力傳承，因為那件事具備宇宙的格局。

生命終結有一種因素，我稱之放棄，多少生命的終結不是放棄的
起點，而是終點。

多少人用辛苦形容我的工作，這是我選擇的修行方式，也是揣摩
人性的道路。

聽說苦中可以作樂，那是自己可以描繪的情境，假如我樂在其
中，身旁的人就可以收到我的喜樂。

我在除垢的路上看到幸福，我的幸福可以轉成你的幸福，這就是
生命的傳承，食物的生命可以轉成你我的生命，我的生命也將延
續成你們的生命。

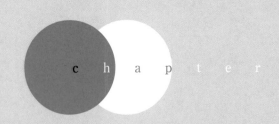

c h a p t e r

第一章

生命有本
生存有道

「選擇無限思維，表示我們會為了比自己更偉大的信念而努力，我們會把擁有相同願景的人視為夥伴，努力與他們建立信任關係，一起推動共同信念。我們對自己的成就心存感激，在自己進步的同時也努力幫助周圍的人更好。無限思維的人生，就是服務的人生。」

——《無限賽局》／賽門・西奈克

貴有人身

他看不到未來，但求這一刻的圓滿。

不想看到未來，因為不會圓滿，病痛糾纏，如何圓滿？

未來的畫面在記憶中，從急診室的急迫到重症病房的低迷。

年長者的終老情境如是，告別式的感傷情境如是。

他不願意去思考未來，未來和現在之間一條顫抖的線。

恐懼，所以顫抖，注定好不了，所以不要想。

不管活幾歲，反正都要死。不管怎麼活，反正會生病。

只要去過醫院，探病也好，陪伴也好，沒病也等待生病。

不想生病，卻期待疾病，邏輯上不成立，環境如是，心態如是。

生活中盡是結果，輪胎破了補胎，肚子餓了吃，發炎了消炎。

緊急的事情要趕快處理，太多緊急的事情壓縮掉重要的事情。

重要的事情藏在記憶的角落，沒有時間，不急，沒空想。

結果堆滿了生活，緊急占滿了時間，不重要的事情組裝了忙碌。

我很忙，我沒空，老闆交代的事情還沒做，老婆交代的事情還沒空。

身體不舒服得去看醫生，小孩感冒得帶他去給醫生檢查。

不確定創造更多的確定，因為不確定，必須去確定，結果累積更多不確定。

不希望有狀況而去做檢查，結果要複診，醫生說還要做更多的檢查。

知道吃藥無濟於事，可是不能不吃，不吃會更嚴重，不吃可能會沒命。

沒有時間思考原因，沒有習慣思考原因，沒有必要思考原因。

原因不是不存在，只是在生活中不存在，生命只剩下結果和被動。

和溫室效應一樣，原因都知道，養殖業繼續擴大版圖，冷氣機繼續使用。

改不了就不要改，臭氧層破洞繼續擴大，習慣破口持續放大。

時間到了就得吃，肚子不餓也得吃，桌上還有食物就繼續吃。

魔鬼在細節中，原因在習慣中，結果在被動的反應和不停的忙碌中。

胖了，不美了，沒有線條了，知道都從吃而來，可是寧可醜，還是得吃。

因為必須補充，因為營養在食物中，因為要活命。

為了活命可以不要健康，為了活命可以失去美麗，健康和活命不

能共存。

壽命延長了，品質沒有了，營養補充了，健康失去了。

都是結果，結果延續的結果，結果增生的結果。

老一輩的結果將是我們的未來，這種結果的未來不想才好。

在探討結果的邏輯中崇尚專家，高談闊論的專家，指點迷津的專家。

人家說，專家說，醫生說，營養師說，自己說的都是別人說的。

有一種病叫做慢性病，永遠不會好，暫時也不會死。

專家負責處理結果，專家一直把東西往我們肚子裡面塞，好比有一種人只存錢不花錢，最後因賺錢把命花掉，子女為爭產反目。

我們被教育要給身體營養，最後身體囤積毒素過盛而敗壞。

花了錢做醫美，結果沒有更美，花了錢去減肥，結果越減越肥。

抽脂抽掉了生命，減肥耽誤了生命，這就是處理結果的後果。

藥物留下了副作用，副作用繼續衍生交互作用，這就是處理結果的後果。

繼續處理結果，看到可怕的未來，人人吃藥，人人害怕。

藥廠越開越大，醫院越開越多，人類越來越病，未來越來越不敢想。

還是決定吃藥，還是必須吃三餐，因為沒人可信，只能相信專家。

有一種犯罪模式叫做綁票，給錢就放人，當事人不是被撕票，就

是終身恐懼。

綁票一般鎖定富人，醫療綁票不論貧富，當事人不是沒救活，就是終身恐懼。

活和命被狠狠切割，要活就不要命，要命就不要活。

生不如死就等於不要命，吃藥而活卻沒命。

腦袋內的醫囑區塊，藏匿的情緒除了恐懼，都是不安。

信任醫療的人剩下兩句話：沒辦法、不得已。

這一刻進入反思，身體和靈性都知道眼前是一場大鬧劇。

這一刻對自己提問，為健康而把命玩掉，為賺錢而把命賣掉，奈何？

每天都不會忘記吃，每天都不能忘記吃藥，生命注定要被自己玩掉。

忘了自己，也不愛自己，忘了身體，也不珍惜身體。

一輩子都在摧毀自己，一生的努力結果卻把自己的信心擊垮。

一定要告訴自己，活著要為彰顯生命意義努力，要為無病痛全力以赴。

這一生就只有一次，不能回頭，生命很珍貴，貴有人身。

我們被教育要給身體營養，
最後身體囤積毒素過盛而敗壞。

回歸身體

在倡導「自律養生」的此刻,連結到推廣斷食的起心動念,十多年的點點滴滴,相處、對談、溝通、釋疑的過程,我個人研修了一堂人性學的學分,而且是無止境的學習成長。就在信任與效率這條直線的兩側,分出了密密麻麻因為懷疑不相信而產生的劇情線,在真相與非真相之間,在說謊與不說謊之間,在辯解與不辯解之間,在心門打開與不打開之間,人的意識在相信與不相信之間游離,人的情緒在瞭解與不瞭解之間起伏。

談信任,這是現代人很嚴重的魔障,就是很難相信,就是不容易產生信任感,多方觀察的結果,不相信自己才是最大的問題。早期溝通學員從課堂到小組討論,從教室到面對面溝通,很熟悉那些抗拒的眼神,也很習慣他們的提問,他們以「不是每個人都適合斷食」掙脫了內在的不安。說這是反對者的辯解,我寧可說是對自己沒信心的解脫,不是科學證據的說服力不夠,也不是解說者的經驗不足,是典型不承認失敗的失敗感言,是承認自己不行

的消極退路。

曾經投資十年的時間講授斷食，從自己做到站上講台解說，從深度和身體對話到完成一系列著作。從不刻意閃躲斷食這個名稱，可是在我個人的信念中「斷食」早已被「身體」所取代，因為「執行斷食」是過程，「回歸身體」是終點。

當養生被解讀成方法，在一般人的認知中就是隨時可以被取代的一種嘗試，在我眼前的所有質疑眼神都在交代這樣的研判，「何必這麼辛苦」是他們的自問和自答，「反正再去尋找其他方法就是」成為他們更加遠離健康的路標。

如果身體是目的地，斷食就是唯一的一條公路，不論時間長短，也不論使用何種材料，斷食是唯一讓身體覺醒的寬廣大路。為何眾多嘗試過斷食的人不再執行斷食，原因很多，首先他們把斷食視為一種減肥或排毒的方法，其次是使用的材料為他們的斷食初體驗留下不好的回憶，至於沒有建立正確的養生動機是所有誤解斷食的困境，最後才回到抗拒斷食者的個人修為。在要與不要之間，要很明確，不要出現各種分叉，一會兒考慮，一會兒不方便，一會兒可以試試。

話題回到「自律養生」的大方向，因應愛吃的大環境而有整合養生環境的必要，人們在餐廳與醫院之間遊走，我們急需在自律與自信之間建立和身體之間的深厚關係。

從腸道環境到身體的大環境，從個人的養生環境到群體的養生大

環境，從組織的養生環境拓展到社會的養生大環境，這是群體覺知的環境大改造，是大環境中必須點燃的健康火苗，這是為了下一代的健康而站穩腳步的關鍵覺悟。

每個人都適合斷食，這是身體的呼籲，是大自然的禮讚，是因應飲食文明人類必要的修練。

如果身體是目的地，斷食就是唯一的一條公路，不論時間長短，也不論使用何種材料，斷食是唯一讓身體覺醒的寬廣大路。

「健康是誰的事？」所有人共同的答案都是「自己的事」。

「是嗎？」請檢視自己的行為，「健康是你自己的事嗎？」

我們到醫院的病房走一趟好了，請把焦點放在陪同在病人身旁的家屬。

「不是每個人都甘願生病住院的」，理解，可是總存在沒把自己照顧好的大數。

我們都同意，家中一人生病住院，牽動了全家人的生活作息。

家人是生命共同體，家人都在承擔，家人也多半願意承擔。

自己未能為自己的健康負起責任，責任就落在家人身上。

健康是自己的責任，可是健康的版圖則存在人際關係的連結。

從家庭擴展到自己的社交圈，從私領域延展到公領域。

維繫好自己的人際關係屬於養生的一環，人緣和健康形成正向關聯。

個體在人際中不能是孤立的狀態，必須維持充分互動的活躍度。

心事要有投射的方向，困難要有可以求救的對象。

人屬於群體的動物，在養生的範疇中尤其有彰顯的空間。

人際關係中還有一種最特殊的關係，是自己和自己的關係。

「健康是誰的事？」是自己的事，是自己身上另外一個自己的事。

為自己的健康負起責任時，兩個自己都有責任。

拉出一個願意負責任的自己，卻忽略了一樣必須負責任的自己。

生病是結果，原因脫離不了自己定位不清楚的混沌。

因為我們不認識另外那個自己，因為我們根本不愛真正的自己。

自己和自己的關係是一種人際關係，這層關係決定了我們是否健康。

身體是自己的一部分，靈性也是，主導感恩和愛的心智狀態也是。

「知道自己是誰嗎？」這個問題和「健康是誰的事？」是同一個問題。

認識自己才清楚從何負起責任，看清楚自己的生命道路才有愛自己的依據。

問自己是否快樂，看清楚忙碌的生活中是否充滿著太多的不得已。

一定要想清楚，是為自己而活，還是活在別人所安排的生命軌道中。

看起來和健康完全不相干的議題，卻是引發疾病的最根本謬誤。

把身體吃到囤積一堆廚餘毒素，把身體氣到堆積一堆情緒毒素。

不愛自己的人堅持等候這些原因引爆，不願意改變的人堅持讓身體的囤積發臭。

「健康是誰的事？」從結果論分析，都是家人的事。

悔恨在心中流竄，眼淚從眼角緩慢流出來，健康已經無從定義。

管子插在身上，家人的身影留在心上，對自己依然感覺陌生和徬徨。

自己的念頭一度掌控全家人的價值依歸，自己的頑固一度讓子女恐懼害怕。

人如果只為傳宗接代而來應該沒有遺憾，心中就是還想爭取一些什麼。

人如果是為享受美食而來也沒有缺憾，心中就是懷疑自己少做了些什麼。

最後想從家人的表情來定義快樂，也想從自己的不堪來回溯他人的提醒。

「健康是誰的事？」反應式的回答不如等待蓋棺論定時，由真實呈現來解答。

「健康是誰的事？」這或許是你我都沒有資格回答的問題。

> 維繫好自己的人際關係屬於養生的一環，
> 人緣和健康形成正向關聯。

感謝神醫

病好了，如果要論功行賞，誰居首功？有吃藥嗎？有，那是藥物的功勞，不是嗎？深入民間，每個人的認知都是如此，感謝藥物讓我康復，感謝醫生讓我找回健康，感謝醫療體系的存在，讓我們在不得已被病痛折磨之餘可望快速獲得紓解。我個人從小熟悉這齣劇本，看著病人對醫生磕頭作揖，看著病人不斷升高對於醫生的崇敬和倚賴，過程中，有一個畫面吸引我的關注，那是藥廠業務對醫生九十度鞠躬的習慣。磕頭代表感謝，九十度鞠躬代表無比的尊敬和感激，可能是病人對醫生極度感恩，印象中最感謝醫生的卻不是病人或病患家屬，是銷售藥品的業務。

進入高中後，「醫科」變成極度熟悉的名稱，印象中那是第一志願或者是前三志願的代名詞，代表台大、北醫、高醫，回想起來是來自長輩的指令，對我來說既是遙遠的目標，也是完全不具備任何吸引力的標的物。可是我並沒有放棄追逐和我命運定調完全無關的目標，因為那是父母親的期望，因為那是眾多長輩對我的

期待，尤其身為地方名醫的長子，身為學校升學班的一員，每一個班上同學都有輸不起的壓力，我進入醫學院的壓力尤其沉重。我想把這一段的回憶帶到這幾十年下來不變的價值理念，在很多民眾的見地中，醫生不是神，但是是超人，雖不是萬能的，卻也是一般人望塵莫及的神聖專業。

社會上的菁英有能力解除我們身上的病痛似乎不應有異議，這群人不僅會讀書，而且還學有專精，他們身上的武功就是為了破除病痛而鍛鍊的。話題再回到藥廠業務的磕頭作揖，地位高低不是論述的重點，是醫療商法在千錘百鍊之後的壯大和影響力，是醫生的地位在時代的變遷中依然屹立不搖，至少在民眾的印象中是無可取代的高聳。所以康復是醫生的責任，當然功勞就得回歸醫生，把身體從病態帶回健康的力氣就得回歸藥物。感恩是一件美事，可是感恩錯對象就可能製造不必要的紛爭，身體不被感恩這件事所引發的紛爭不多，引發的麻煩事卻不少，疾病版圖因而更加擴大，醫療版圖自然就順勢進入無所不能的高度。

前面說了，這是認知，同時也是趨勢，很麻煩，也很恐怖，很難處理，而且早已失控。因為眼前這一切都不是真相，藥物有可能控制了病情，藥物有機會抑制了疼痛，被手術所切除的病灶有可能因此而降低了疼痛或不適，可是真正療癒的關鍵在身體本身的免疫力和復原力。對身體陌生的嚴重性非同小可，我們對於身體所有的生物設定一竅不通，不清楚身體其實是大自然的濃縮版，也不清楚身體因應晝夜節律而設定好運作的軟件，我們誤解了身

體，從來都不知道應該要感謝的對象是自己的身體。

最為嚴重而且令人相當不解的是連醫生也不信任自己的身體，不瞭解同時不認識自己的身體其實有跡可循，因為聚焦在藥物，因為聚焦在症狀的解除，因為聚焦在控制病況。把視角從處方藥轉到身體只是一個念頭的轉換，關鍵不會是一個訊息或是一本書，是讓身體充分休息的結果，是深度和身體充分對話的結果，是有機會見證身體拿回養生權的結果。從藥廠業務的禮節延伸到門診空間的所有醫病關係，從病患對於醫生的信任到包括醫生在內的所有人對於自己身體的忽視和冷漠，這是人性的必然發展，也是所有人決定好好愛自己的必然覺悟。

病好了就謝謝身體，期許身體繼續帶領自己遠離病痛，只有身體能，只有身體是我們健康的唯一依靠。

我們誤解了身體，
從來都不知道應該要感謝的對象是自己的身體。

一件事做了做，接著不想做了，原因可能是不開心，可能沒達到預期的成果，可能很辛苦，重點是做這件事情的動機已經消失。假如我們一輩子沒把動機的來歷搞清楚，很可能終其一生都在變換動機，其實應該說在接受動機，如果動機都來自他人，劇本就是不停的變動。不清楚自己想學什麼就會一直換科系或者換學校，不知道自己適合做什麼就會一直換工作或者換老闆，不明白健康的本質就會一直找方法或者更換營養品，甚至是換醫生或者換醫院。

但求存活是一種普遍的意識型態，只要有工作，只要有飯吃，只要過一天就算多一天，這是一種很傳統的動機型態，有點類似遠古時代的生存動機。把視角放在職場中的每一個角落，胡蘿蔔與棍子就是到處可見的動機型態，不是獎勵就是處罰，不是業績就是營業額，不是得老闆寵愛就是被老闆冷凍。上班打卡就是最典型的胡蘿蔔動機，全勤獎有胡蘿蔔的身影，也有棍子的陪伴，衡

量每天都得看到員工背影的老闆，當老闆都不理解人類的動機模式，不經意手上就握著一根棍子。

兩本重要著作完整詮釋了動機的全貌，一本是《動機，單純的力量》（Drive），一本是《先問，為什麼》（Start with Why），我個人一直崇尚無為而治，只要動機精準，只要動機和行為產生心流，最成功的管理就是不管理。從管理學的視角，每個人都在銷售，我個人也是從不會銷售到學會銷售，而最棒的銷售則是不銷售，說穿了就是不銷售商品，只銷售動機。經驗是，動機不一定得銷售，只需要勾引，只需要創造，因為讓自己更好是所有人的動機，好是目標，動機則是相信了一條道路。

養生動機源自於自己，為自己好就得回歸身體的原始設定，這部分很容易理解，卻也很容易迷失。問自己：人生來是為了積極進取，還是消極被動？我們希望不斷超越自己，還是墮落退步？錄用一位職員，希望他聽候差遣，還是主動把分內的事情都做好？根據健康的原始設定，身體應該主動積極，還是被動消極？想通所有身體脈絡，問自己：長期以來，我的身體是處於主動，還是被動狀態？

動機 3.0 將動機鎖定在內在動機，以自主、專精、目的等三大元素組成完整的動機結構。自主就是自己主導行為，時間和計畫都在自己掌控範圍；專精就是熟練，是持續練習，是不畏艱難的挑戰高標；目的是方向，是遠方的目的地，是引導自己不斷往前行

的驅力。自主和專精形成心流，是價值和行為的結合，是天賦變成行動綱領，這是從內在動機出發的養生態度，是從利己發展成利他的喜樂藍圖。

養生的目的是遠離病痛，我們從胰島素和脂肪組織的視角解構人類飲食習慣的弊端，累積出自律的自主行動準則，同時清楚讓身體不被精緻食物打擾的時間延續是專精的養生基礎，最終讓遙遠的健康圖像變得如此清晰靠近。

> 我個人一直崇尚無為而治，只要動機精準，
> 只要動機和行為產生心流，最成功的管理就是不管理。

指揮權

不管你是中年還是老年，不管你是少年還是青年，不管你是女生還是男生，不管你是微胖還是過胖，不管你是吃葷還是吃素，身上囤積毒素是事實。

毒素來自飲食，也來自情緒，毒素會堆積是因為身體失去了原有的立場，毒素會囤積是因為身體沒有機會休息，毒素會散布是因為身體沒有力道清除。

腸道、肝臟、脂肪組織是囤積毒素的大本營，當這些處所都囤積，血管壁也就囤積，大腦組織也就囤積。

毒素囤積在身體裡面，看不到，聽不到，可是不代表身體沒有想方設法要告訴你。

身體知道哪裡有囤積，大腦不知道哪裡有囤積，聽大腦指揮就只能等候囤積引爆，聽身體指揮才有機會拆除引信。

聽從身體指揮只是念頭的轉換，好比立場的對調，好比同理心的培養，同理身體正是養生的動機位置，同理身體就是遠離疾病的

首部曲。

身體不要頭銜，也不要權位，它只想好好做事，做該做的事是身體早已設定好的生存綱領。

交出指揮權在人際關係中可以充滿糾葛，卸下領導權在企業團隊中或許免不了競爭和對立，可是把領導權還給身體不會有面子和裡子的取捨。

因為身體是你，你是身體，因為大腦是你，你是大腦，因為大腦和身體都是你。

身體一直同理大腦，身體一直接受大腦的無明，身體未曾因為大腦的無理要求而放棄努力，身體一直等候大腦的回頭，大腦是頭，身體是岸。

想想對孩子的愛，想想無怨無悔的付出，身體也好比孩子，它需要滿滿的愛。

囤積由身體清除，療癒由身體主持，這一切的努力都不歸藥物，也不是任何外力的功勞，因為辨識毒素存在位置屬於身體的能耐，因為選擇清除毒素輕重緩急屬於身體的權限。

身體沒有委屈，實情是它挺住了委屈，身體沒有抱怨，實況是它從不抱怨。

疼痛是身體善意的提醒，病症是身體最不得已的權衡，那是身體把失衡和失序拉回正軌最即時的決定。

毒素必須離開身體，身體不時都在演練設定好的技能，只要有時間，只要有空間，只有機會出現，做該做的事本是最基本的生物

表現。

清除毒素既然是身體的權限，把指揮權還給身體卻是大腦的決定，不是能不能，是該不該，不是要與不要的選擇，是健康和不健康的選擇。

考慮不是一個選項，計畫內容才是，練習斷食已經不是一種選項，如何開始才是。

身體不處理食物就處理廢物，這是身體的智慧，也是本能，是生物設定，也是造物最縝密的原創。

疼痛是身體善意的提醒，病症是身體最不得已的權衡，
那是身體把失衡和失序拉回正軌最即時的決定。

以前寫音樂，也寫棒球，說寫樂評和球評實在有點汗顏，真正專業的前輩都還在線上努力，而我早已轉換跑道寫養生。很懷念寫棒球專欄的日子，只是一顆球和一支球棒就可以演出可歌可泣的動人故事，尤其是一次揮擊所營造出來的情緒高漲，尤其是九局下的超級大逆轉。逆轉秀一直都是我內心的畫面，導演這齣戲的是意志力，負責演出的就是持續力，我行銷改變，推廣斷食，要商場高手來評估這兩樣商品，肯定說我瘋了。

我的人生充滿了奇怪的決定，所有已經發生的劇本都無法改變了，最遺憾的當然是和父母親之間的價值觀鴻溝，沒有評論和責難的空間，只有接受。原本是要去醫院工作的，也錄取了，可是我脫逃了；原本是可以繼續在任教的醫學院服務並深造的，可是我又遠離了，而且選擇一條後來被自己定調為惡夢的創業路。讀者和學生並沒有義務要知道這些無趣的閱歷，重點強調每段轉折的不可或缺，人脈和機緣不斷醞釀生命的轉變，後來理解所有人

事物的必然出現，就是會發生。

成為作家是生命中的絕對意外，成為講台上的授課老師也從來不是心中的志願，最意外的又是教養生，而且講授斷食，一路上提醒人們改變飲食的習慣。我銷售的標的物是一種全新的生活方式，在人類逐步從身體的頻率去結合養生論述的經驗中，間歇性斷食肯定會是穩定成長的趨勢，這是我的預言。這是從自己的生命歷練所領悟到的生命定數，寫這一段一定會想起母親對我的苛責，當然也少不了父親對我事業選項的無奈，這一刻感受到的是幸福的傳導，閉起眼睛感應，有責任，有感動，最該記錄的是滿滿的感恩。

被定型為斷食老師自我解讀成挑戰，提醒人少吃不難，引導人不吃就有難度。深入斷食的世界，很自然就背起推廣的行囊，說沒有人不需要斷食如果很膚淺，就改成人人都需要和自己的身體深度互動。根據間歇性斷食的語言，每個人都要在每一天中留給身體一大段沒有被食物打擾的安靜。

這是一堂行動課程，聽懂都還不是真懂，願意做都還不是真的領悟身體的奧妙，經常奉勸學員要冷靜，全盤理解之後再做計畫，因為進入熟練之後就是生命的轉變。透過小型講座，可以面對面看到每一位學員，可以清楚看到學員理解到什麼程度，透過學員的學習心得去延展課程的影響力。我的幸福感就來自於學員的眼神，就來自一位接一位的學員因為用心執行而體悟到養生的真

諦。

什麼最難？讓一個人改變最難，而這就是我每天苦口婆心的語言，也是我的工作職掌最全面的解讀。我們生活在一個隨時都在吃的時代，要一個每天隨時都在吃的人不吃有多麼困難，這就是我每天念茲在茲的分享，如果真的決心杜絕和文明重症的關係，練習和空腹相處是現代人必修的學分。

把改變和斷食這兩件全世界最難賣的商品置入間歇性斷食的執行方案中，奇妙的事情發生了，改變不再是一件困難的事，斷食已經不是一件艱難的工程。相信父母親在天之靈已經看到，還不到九局下，情勢已經逆轉。

根據間歇性斷食的語言，
每個人都要在每一天中留給身體一大段沒有被食物打擾的安靜。

曾經有一段同時閱讀商業周刊、天下雜誌和遠見雜誌的日子，大約維持了十多年。閱讀的動機多半是資訊的更新，潛意識裡或多或少存在學習企業經營的種子，可是就在金錢與成功之間的合併逐漸遠離自己的價值體系後，發覺雜誌所報導推崇的成功企業家和我分別處在不同的世界中，因此決定停掉這些書刊的閱讀習慣。賺大錢和開名車的確是一種本事，擁有羨煞人的事業規模的確也是一般人所不能及，這些成功人士陸續出現在我眼前，他們都很有錢，可是有很多都沒了健康。

聽過一則向老天爺要求退還所有財富來更換健康的故事，這種念頭並不奇特，也實際出現在很多被重病糾纏的人心裡，在生命的某一刻，腦袋中沒有任何想法，只有健康。這就是視窗，也就是聚焦，在生命的某一刻，我們看不到其他的東西，只有眼前讓我們全神貫注的吸引力，在多數人的生命歷程中，除了金錢，就是感情。奇怪的是，在聚焦賺錢的同時，健康被捨棄在一旁，在投

入感情的同時，沒有關注健康的空間。

提到健康，這些每天有應接不暇應酬的大老闆們多少都有大醫生的朋友人脈，他們也被告知要定期體檢，或者不忘要每天補充各種營養補給品。健康在人類世界的集體共識居然剩下保險和體檢，賓士車後廂的高爾夫球具偶爾也派上用場，不忘的還有醫師朋友的諮詢時間。最近兩位事業有成的學員都提到裝置預防性支架，來自醫師朋友的建議，預防某一條血管的情況惡化，手術過程輕鬆愉快，只知道身體裡面多出挺住血管的構造。

在醫療認知中，身體永遠被動的接受差遣，身上的囤積只會惡化，除非透過外力來清除，或者委由藥物來解離。在認識人性的路途中，不斷體驗到傲慢的足跡，人類有一種無法妥協的姿態出現在階級意識中，或者目中無人，或者唯我獨尊。醫療的高傲是最鮮明的案例，除了凌駕法則之上，也強壓在身體之上，就在疫苗的重要性被無止境放大的同時，強迫血管暢通的人裝支架是讓我搖頭的劇本。

就在朋友陳述這段對我來說荒誕不經的發生時，從我的身體發出了精簡扼要的十六個字：「身體知道，健康之道；身體之道，健康知道。」養生的道路依著身體的道路而行，養生的態度也依著身體的脈絡而起，健康的結果依著身體的暢通而在，健康的實質依著身體的平衡而有。與其把健康當成目標，不如把健康定義在這一刻，與其把養生連結到有錢人的世界，不如把養生定義成一

種態度；只要身體維持在被動的狀態就不用談養生，只要不明白身體的權利就遠離健康的領空。

身體貧窮成為事業成功的普遍代價，有錢卻買不到健康，成功也買不到健康。價值順序先明確，先有空杯和謙卑，先對身體臣服，否則健康遙不可及。

在認識人性的路途中，不斷體驗到傲慢的足跡，人類有一種無法妥協的姿態出現在階級意識中，或者目中無人，或者唯我獨尊。

被隱藏的寶藏

我們都是世界的觀察者，觀察得夠深，也夠久的我，有那麼一刻，驚嚇了。

我在大腦中記下底下的領悟，唯恐記憶尚未輸送到前額留存，因此向幾位頻率相近的助教說明。

「大家都沒有睡好覺是一件事，大家都不重視睡眠才是關鍵的肇始。」

透過因果法則來說明：「沒睡好覺是結果，不重視睡眠是原因。」

我深信，這幾個字點出地球人的根本問題，泛指接觸文明洗禮的每一個人。

談生死也好，談哲學也行，談健康養生也是，價值觀駕馭了擁有靈魂的生命視野，我則直接連結到壽命的長短。

閱讀改變我的一生，針對生命議題的判斷，以及針對養生議題的領悟，我深信源起於閱讀習慣所養成的思考力。

細部剖析，就是價值觀的調整改變，被我揚棄掉的思考模組，早期我稱它目的性，如今就由「對價」兩個字涵蓋。

還有一種習慣從工作中養成，我深信源自身為輔導者必須具備的探索力，是一種追根究柢的態度，凡事追究原因的堅持。

一種強烈的對照組在工作中浮現，看到只問結果不問原因的醫療，進一步看到不再追根究柢的地球人。

最常見的是為了有一份工作而投注生命精華的人，沒有時間思考一個根本問題：這份工作帶給他什麼意義？

因為有相對的報酬而工作，類似於認定醫生是可以解除病痛的最大依靠而去就醫。

似乎人類必然要走到今天的局面，想起電和電燈的發明，進一步想到無遠弗屆的科技發展。

我們都很樂於享受科技文明的庇蔭，結果看到不求甚解的教育體制，也看到缺乏邏輯分析能力的知識分子。

我懇請閱讀本文的你很認真的思考一個畫面，這是這幾年出現在幾乎所有國家的畫面，一個大型體育場所以及幾百到幾千位列隊施打疫苗的人。

這麼具有正當性的畫面有什麼好討論的？各國政府都必須做的事情有什麼爭議之處？

這個議題可以回到前文所提及的「不重視睡眠」的原因，睡眠被鄙視的程度，和免疫系統被曲解是同一件事。

一旦無法想像輕視免疫系統是什麼狀況，你就在等候打疫苗的隊伍中。

如果有一個畫面可以描繪「幸福除垢學」，這個畫面在我的圖像中是每天都有充足睡眠的喜樂。

這麼簡單的描繪居然距離我們如此的遙遠，人類是怎麼失去健康和地球是怎麼出現危機，存在相同的軌跡。

在描繪睡眠價值式微的同時，我觀察到不少疑惑的眼神，也就是把睡眠的重要性踩在腳底下的人，不清楚自己的行為偏差。

被安置在睡眠上方的事項一般是：賺錢、感情、孩子、家人、成就、面子，沒有意外的，每個人都不忘記健康很重要。

不重視睡眠的人講究健康，好比每天只睡五小時的人不忘記每天去健身房運動。

類似於我所觀察到的，補充益生菌的人吃三餐，追逐養生知識的人腦袋中隨時保留空間給最好的仙丹妙藥。

還是要感謝閱讀所帶來的領悟力，我的知識寶庫，就在一位又一位具備先知卓見的學者和思想家的文字解說中。

當澳洲學者彼得‧辛格（Peter Singer）提出「有效的利他主義」，我相信從字面和概念上不容易被完整解讀，因為這是一種從執行面彰顯價值面的藍圖。

倡導「週休二日」好些年了，在民眾的觀念中不存在類似的養生態度，可是我們深知這是喚醒身體意識最直接的習慣養成。

「做不到」當然是一種反應，就像多數人對於每天睡足八小時的障礙一樣，真正的障礙不是能力和意願，是這件事進不了你的價值體系。

熟知睡眠和做夢的威力除了知識面外，我在睡眠與創作之間發掘

出美麗的串聯，同時在睡眠和傷痛療癒之間發現造物的慈悲恩典。

不重視睡眠和不重視閱讀、學習、思考，如何形成惡性循環的？這和情緒、用藥和更多病痛如何形成惡性循環，存在因果關係。

我在課程檔案內記下「失焦的內建」，在這個標題底下備註了「生物時鐘」、「免疫系統」和「身體意識」三大範疇。

進化留給人體的寶藏被我簡單歸類，而斷食這麼簡單的概念就可以貫穿這三大領空。

你可以在一次的溝通對話中理解我所描述的領悟，也可能必須要花上三年的經歷才終於融會貫通。

兩者的時間差不在能力，可以是一種思考的慣性，真正源頭依然是你在深思熟慮之後的價值順序。

一種習慣的養成可以只要二十一天，也可能需要二十一年。

你可以在自然和進化的圖像中連結自己的慶幸，也可以繼續在科技和文明的孕育中勾勒美好的人生。

只是，可是，寶藏的大門依然深鎖，踩在腳底下的依然是你的天賦。

> 不重視睡眠和不重視閱讀、學習、思考，如何形成惡性循環的？這和情緒、用藥和更多病痛如何形成惡性循環，存在因果關係。

　　發生在生活中諸多極度合理的事情，在認清事情的本質後，發現認知中的合理竟然是不可思議的不合常理。藥物有副作用，這是基本認知，也屬合理觀點，當事情發生在你身上，是不好的狀況，是藥物副作用已經轉成為另外一種病症，你是繼續接受這種合理，還是欺騙自己這一切都和藥物無關，是自己倒楣，又生了另一種病。身為和身體達成和解的人，身為完全臣服於身體的人，我個人一律從身體的立場解讀所有的疾病呈現和處置，實話是，醫療針對病症的合理處理，在我的認知中有不少是荒腔走板的不合理。

　　我父親在日據時代光復後從當時的台大醫學系畢業，當時的時代背景幾乎都在動亂中，國民政府撤退到台灣的年代父親自立門戶開業。父親曾經回顧那一段時期大量罹患性病的軍人病患，只要到診所來都只有唯一的一種藥劑，就是最早期的盤尼西林針劑，而且幾乎都是一針見效。在六十多年前的時空背景，藥物就好比

仙丹，醫生就好比仙人，會打針就好比有特異功能，有一種習性在父親那個時代的醫生身上出現，他們對於藥物的仰賴程度從此不曾減退。

談認知，醫生的認知，還有病人的認知，重點是被藥物救活過的人的認知，還有被醫療拯救過的人的認知。在我的生命歷程中，這幾乎就是幾十年不曾缺席的劇情，看著病人向醫生求救，看著醫生努力救治病人，好像在缺乏人證和物證的法庭中，聽著檢察官大放厥詞，無辜的刑犯百口莫辯。我們都看不到劇情裡面的劇情，故事的真相從來都沒有機會被掀開，好比專制極權國家的定罪方式，可能都還搞不清楚發生了什麼事就已經一命嗚呼。

盤尼西林經過半世紀的發展，從不可一世到不可收拾，從細菌通殺到完全殺不了，或許人類對於抗生素已經有所警悟，問題總是發生在生病者毫無決定權的場景，狀況就是非使用抗生素不足以制衡。好比搭了舞台後的演出，舞台上和舞台下屬於截然不同的劇情，舞台上是劇本，舞台下是真相，舞台上屬於大腦的領空，舞台下屬於身體的版圖。有趣的是幾乎所有人都期待有登台演出的機會，至少都認知這一天會到，有點像是命運的定調，人生的跑馬燈都由別人來遙控。

美國仙丹屬於相同劇情的不同劇本，既可以消炎又可以消腫，談到止痛就是所謂類固醇的拿手絕活。接受類固醇處方的第一時間，病人肯定疼痛到無法自已，我可以理解生病者在那一刻的心

情，以後會發生事都不重要，這一刻必須先解決眼前的苦痛。那些承受類風濕關節炎之痛和紅斑性狼瘡之苦的病患都不言而喻，重點是這一刻距離那一刻多遠了？藥是否已經停不下來了？這只是偉大的西醫搭建舞台的其中一齣戲，赫然發現眾多家屬爭先恐後進場看戲的糖尿病劇本，還有早已不遑多讓的各式癌症劇本，這些劇情都如出一轍的上演不會好的樣板，而且演出者都也默認。

你看戲嗎？還是渴望有機會也成為戲中角色？上台後就得接受導演和編劇的指令，劇本是別人寫的，不是你原本的故事，也不是你的自傳最原始的腳本。在合理和不合理的認知錯置中，人類世界的真真假假早已渾沌不清，「為自己而活」只是憧憬，小心連自己是誰都已經錯置。

發生在生活中諸多極度合理的事情，在認清事情的本質後，
發現認知中的合理竟然是不可思議的不合常理。

一秒鐘

一個英國年輕人帕特里克‧內伊（Patrick Ney）為愛遠走波蘭，愛上了波蘭，在某一個前往夜店的夜晚遭受襲擊導致頭殼破裂。他在醫院醒來，被醫生告知血腫還留在腦部，任何壓迫都可能造成永久性的傷害，可以考慮回家等幾個月，或許有機會自然溶出，或者考慮進行風險不低的腦部手術。他做了開顱手術的決定，同時想到這一生所有的忙碌都沒有意義，家人和好友的愛壟罩了他的意識，他感受到他對於主治大夫和護士的愛，這些很珍惜的感受擴及醫生護士的家人，他領悟到人際之間愛的連結才是生命中最重要的價值。

他以「死前的一天」為題發表演說，鼓勵每一位聽眾說出自己的答案，而且務必聽到自己的答案：「死去的前一天，你在想什麼？」出院後，他重生了，他根據連結和利他去安排工作和時間，生命價值完全顛覆以往。類似的故事我們聽過不少，可是這位英國人的生命轉機來自於一位陌生人的襲擊，只有一秒鐘，他的人生完全改觀。如果生命都必須發生大轉彎或大決定，你希望

被人使用武器襲擊頭部？還是很虛心的聆聽一段談話？有時候生命並不會提供任何思考的機會。

法國時尚雜誌《Elle》總編輯尚多明尼克‧鮑比（Jean-Dominique Bauby）在人生的顛峰突然中風，那時候他才四十二歲；事情發生在某一天下班後前往前妻家接兒子，就在接到兒子要上車之前突然倒地不起。鮑比三週後醒過來，全身除了意識之外，剩下左眼可以活動，他的生命從意氣風發到一蹶不振，只是一秒鐘的停滯，生命從此被切成兩半。《潛水鐘與蝴蝶》（*Le Scaphandre et le Papillon*）這本書記錄他躺在床上以及坐在輪椅上的所有心情，「潛水鐘指生命被形體所困禁的困頓，蝴蝶則隱喻生命在想像中具有的本質自由。」（摘錄自文學家南方朔為台灣中文版所寫的序文。）

一秒鐘，人生不一樣了。一秒鐘一個字母，靠著眨眼睛和出版社助理溝通，經過好幾千萬秒的努力，一本著作終於完成。在書出版三天之後，鮑比與世長辭，在中風十五個月後猝死。鮑比的人生劇本可以回到他前去接兒子的路上，他開著車商提供的 BMW 新車，心中還盤算著晚點還要去接女朋友，他的成功劇本可能還在起步而已。身為時尚達人和美食家，他從來都沒料到血管裡面的膽固醇囤積即將危害到他的性命，他絕對想不到他人生唯一的一本著作是一本絕望的鉅著，而且是透過眼神授意別人幫忙完成的。

身體裡面充滿了諸多的不確定，血液的汙濁程度和飲食有關，脂肪組織的囤積密度和飲食有關，內分泌系統的平衡狀態和飲食有關，免疫系統的穩定程度和飲食有關，我們卻寧可把健康寄託給定期健檢和保險，反正還有醫療為我們守護最後一道防線。以上兩則一秒鐘的生命教訓可能都有醫療和保險的保障，被人攻擊是意外，被血栓攻擊不也是意外？撿回一條命的分享生命的價值，失去生命的只能透過文字記錄生命的感觸。

如果明天就是你這一生最後一天，今天你會做什麼？這一秒鐘，你想做什麼？有生就有滅，有進就有出，有來就有去。這是原則，也是法則，其中不只有自己存在，還有我們珍惜擁抱的對象，留在其他生命體內的記憶才是我們的全部，留在別人心中的真心是生命存在的價值。了悟一秒鐘的意義，了悟養生的全貌，養身、養心、養關係，是謂養生，一個字貫穿，就是愛。

如果明天就是你這一生最後一天，
今天你會做什麼？

關注現代文學作品的讀者應該都聽過沈從文的《邊城》，不常關
注文學作品的我偶然之間留意到《邊城》的幾段文字。

「所有遇見都是躲不掉的宿命，都是今生難逃的天意。」

「凡事都有偶然的湊巧，結果又如宿命的必然。」

「人生沒有無緣無故的愛恨，所遇之事皆因你而生，所遇之人皆
因你而來。」

時間反推三十年，這些文字讀起來就是文學作品，每增加十年歷
練，對相同文字的感受就更加不同。

人生最奇妙之處在過去與未來中間的轉折，生命最弔詭之處在宿
命與機會之間的取捨。

《巧合是故意的》（*When GOD Winks*）是一本書的書名，這本書
的原文書名是《當上帝眨眼睛的時候》。

「真巧，在這碰到你！」「遇見」如果在兩人任何一方的生命中
留下重要註記，那不是意外的巧合，是必然的宿命。

你不會認真探討大腦在隔幾天夜晚就從記憶庫移除的巧合，因為大腦所刪除的是沒有保存價值的巧合。

你不需要追究是誰安排如此奇特的巧合，只需要用心體驗宿命的用意，畢竟在宿命的版圖中不全然是美麗的邂逅。

我們都可能在生命旅途中扮演影響他人宿命的關鍵角色，而宿命之所以成為宿命，是被影響者的決定，不是影響者的出現。

愛情的火花不一定撰寫幸福美滿的劇本，在錯綜複雜的主客觀因素中，劇中角色的價值觀一直都是裁決者。

「執子之手與子偕老」不論指的是兩位戰場上士兵的相互砥勉，或是夫妻牽手到終老的描述，都是對等價值觀很重要的範例。

何來對等的定調，把尊重、珍惜、同理、包容都打包在愛裡面，就形成對等的調頻。

對等可以是兩個人的規格，也可以形成一百人的規模，人數更多就需要更多的磨練和謀合。

宿命的劇本可以來自因果法則的指引，也可以源自價值觀的淬鍊。

後者可以演繹成更多的因果，有更多取捨、更多張力、更多傷痛、更多的歡喜，甚至更多的巧合。

已經發生的就稱之宿命，尚未發生的就從未來的回溯中定義宿命，橫豎都是宿命，那就是天意。

成語「順天應人」完整詮釋了天意的最高指導原則，有尊重自然和順應天道的意境，也有講究人和以及順應人性的價值觀層級。

意思是在法則的監控中，上蒼依然保留充分的自主權給擁有自由意志的每個人。

我們有權利選擇自己的命運，上進是一種選擇，墮落也是一種選擇。

健康是選擇，生病是選擇，長壽是選擇，短命也是選擇的結果。

既然天道在上，法則在天，我們依然擁有違逆天道的選擇權，代表選擇的後果必須自己承受，結果如何還是天意。

聖嚴法師有四句烙印在很多人腦海中的提醒，從「面對它」、「接受它」、「處理它」到「放下它」，我個人從決定權在自己身上解讀，也從結果向天意臣服。

人生路上會有事情沒做好的反省，也會有事情還有很大進步空間的鼓舞。

要如何把事情做好成為最高指導方針，要如何把自己和身體照顧好成為最高指導方向。

當適時斷食成為養生必要的覺悟，可是並非每個人都能有此覺悟。

斷食的重要性無可取代，這是體悟，也是機會，既然是機會，就是選擇。

既然是選擇，就有選擇的結果，也有不選擇的結果。

如何讓更多人知道並且熟練斷食成為更高指導原則，如何讓更多人熟練把自己和身體照顧好，成為更高的指導方向。

我所選擇的工作是宿命，我所承接的命運是天意。

看到下一代的不安，看到子子孫孫的慌張和無助。

我們有責任，我們有重大的責任，讓自己更好，也讓環境更好，是你我的責任。

我們不懂，子孫就不會懂；我們不會，子孫也就不會；我們做不到，子孫就一定做不到。

改變不是為我們自己，是為我們的子子孫孫。

巧合一定會出現，好運一定會到來，因為子孫的幸福源自於我們決定要幸福。

幸福是天意，圓滿是宿命，改變是選擇。

我們有權利選擇自己的命運，上進是一種選擇，墮落也是一種選擇。
健康是選擇，生病是選擇，長壽是選擇，短命也是選擇的結果。

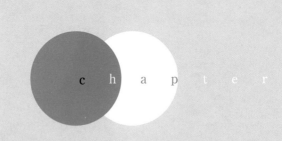

c h a p t e r

第二章

健康 快樂 幸福

「僧人活在服務裡，僧人心態究竟的意義就是服務。我們追求的目標是：離開一個地方時，那地方會比你來的時候更清淨，那裡的人會更快樂，世界會更美好。」

——《僧人心態》／傑・謝帝

定義快樂

出書曾經是夢想，之後變成工作，如今成為志業的一部分。回想這一系列經歷，發掘到熱誠的蹤跡，撫今追昔，一直寫下去的動力除了不斷的結緣利他，快樂是絕對必要的元素。很本能的自問：「不快樂要如何達到遠離病痛的目標？」冷靜思考良久，確認健康是一個面向很多方位的議題，必須先定義健康，必須為快樂找到棲息於健康的處所，必須為快樂和自己的生命價值找到完全契合的接點。

截稿前還寫不出東西，那肯定不會快樂，寫作經歷文思泉湧的驅動就快速連結到喜樂感，那是我個人熟練寫作好幾年後的印象。或許你這一生還從未有過為快樂下定義的機會，請接受我非常真誠的提議，每天放下所有忙碌，給自己五分鐘的時間好好思考這個題目，找出和自己生命價值最相關的領空，想像自己翱翔在天際的感受，我個人的心得很抽象：遠離生理和心理的牽掛，那是我個人最能感受的快樂的片刻。

相信很多人會在定義快樂的時候觸碰到錢關，有點類似被困在洞裡面出不來的狀況，這是工作依附在財務壓力下的正常反應，我個人的經驗必須先跨越生活壓力，確定生命價值和快樂有機會連袂前行。在工作必須有合乎自己期望收入之前，先確認工作中不缺底下這些要素，包括朋友、熱情、學習，最後才考量收入。很多人經常在有價量尺的牽絆中失去了無價的資產，如果工作中要找得到快樂，就是當以上這些元素都具備了，最起碼，這份工作絕對得以展現自我的價值。

這就可以定義快樂了嗎？當然不是，多少創業成功的人在具備所有由工作所激盪出的快樂程序後失去了健康，類似個案要完整分析並不容易，很有可能他們把快樂建立在不真實的媒介上，可能人際關係仰賴有價資產維繫，可能投入的工作最終證明並不符合自己的生命藍圖。似乎這是成功定義的探討，真相是不健康就不會有成功的條件，因此快樂必須源自於健康，同時快樂也兼具引導健康的實力。

我個人存在一種思考模組，有點獨特，有點不容易理解，背後的支撐就是長期深入身體大自然而存在的自信。就從沒有快樂就不會有健康談起，如果健康必須從和身體互動而得到，快樂應該也存在於我們和身體對話的經驗值中。經常透過愛自己詮釋健康，試著從愛自己的路徑去搜尋快樂的足跡，試著從扮演真正的自己去激發快樂的傳輸，必須從確認改變的動機去定義快樂，也必須從真心體恤身體的誠意去發掘快樂的靈魂。

從謙卑受教撰寫人生劇本，回到我的養生啟蒙，是減法養生帶給我的體悟，是我們要得太多了，是我們太忙了，是我們把優先順序搞亂了。原來快樂是「少」的版圖，原來快樂是「斷捨離」的世界，原來少給身體製造負擔是營造快樂的基調。

如果健康必須從和身體互動而得到，
快樂應該也存在於我們和身體對話的經驗值中。

回應自己的心靈是一種生命體會，是心，也是靈，說得更通俗些，就是喜樂，就是快樂。從懂文字之後就熱愛看書，小時候看國語日報叢書，長大一些開始閱讀亞森羅蘋，依稀記得從閱讀中所獲得的心靈喜悅。書和生命的連結無法用言語形容，從閱讀中所得到的生命力也很難形容，自己筆下或手下的鍵盤所敲擊出來的文字是心靈的無限寄託。

曾經在部落格留下一千八百篇文章，投資不少時間在搜尋靈感和構思撰文，不需要別人來提問，我自己都想問自己是否應該把時間騰出來陪家人，是否還有更重要的事情值得安排時間去做。我的靈魂存在不願意被綁架的記憶，希望依著自己的意願或樂趣過活，依稀存在一種指令，感覺有明確的方向，過程一直是摸黑前行，卻也不斷的成長。回憶這一段不應遺漏生命路程所遺留的傷痛，生命中所有重大決定幾乎都不為父母所接受，修補和親人之間的裂痕成為生命的後期學分。

想做對的事或許是一種源自心靈的聲音，可是何謂對的事，生命充滿碰撞的過程就是不清楚對錯所造成，最終領悟到原來自己的靈魂對於快樂早已明白掌握。不瞭解不快樂就不會瞭解快樂，不曾經歷不快樂的過程就不會清楚明白快樂的蹤跡，透過一甲子歲月的洗禮來定義快樂，我終於知道大家快樂才是我的快樂，我的家人朋友快樂才是我的快樂。為眾人服務是一種心靈的驅力，生命記憶中盡是企圖提升他人的動機，書寫是有緣由的，站在講台上是有軌跡的，熱愛閱讀更是連結到快樂的一種本能。

一直都知道自己的存在不具任何意義，我們都是為利益他人而前來，我們的快樂來自他人的快樂，我們的幸福源自協助他人獲得幸福。就在為自己定義責任和快樂的同時，翻閱到不可知論者羅伯特‧格林‧英格索爾（Robert Green Ingersoll）的名句「The way to be happy is to make others so.」，這是從心靈深處不斷釋放出來的期盼，我深信每個人都可以收到自己心靈最真誠的呢喃。某個角度被詮釋成為良知，在人性本善的語意中揭示靈性記憶中最具慈悲力的反省，也是在歲月累積中不斷被心靈智商所喚醒的生命真相。

被問到撰寫養生筆記的動機，說為自己而寫太矯情，說為一位讀者而寫的確是我的心聲，只要有一位學員願意閱讀，只要連結到一位閱讀者的心，每天只要心連到一心。寫作的人珍惜讀者，授課的人珍惜學員，身兼兩種角色是我的榮幸，能夠把讀者和學員合一是何等的善緣，這是充滿喜樂的生命場景。走進養生的基

調，清楚看到自律無以倫比的助力，來自於身體的深切呼喊，也一定來自於心靈的懇求。領悟到身體才是回歸自然平衡的本體，領悟到身旁所有身心靈的良善期盼，領悟到協助他人健康才是真健康，領悟到協助他人快樂才是真快樂。

不瞭解不快樂就不會瞭解快樂，
不曾經歷不快樂的過程就不會清楚明白快樂的蹤跡。

將
心
比
心

《你，就是自己的療癒師》（*Be Your Own Shaman-Heal Yourself and Others with 21st Century Energy Medicine*）作者黛博拉‧金（Deborah King）童年在說謊的環境中成長，她父親長期對她性侵，警告她不能說，這種幼年的傷痛不是一般人所能體會。她一度認為這一生將攜帶這些謊言到死亡，可是這些被記錄在細胞中的記憶最終透過癌症來提醒她，探討生命真相是她自我療癒的過程，她以《說出真相，讓你自由》（*Truth Heals*）一書提醒世人勇敢說真話，把真相交出來，把真正的自己表現出來。

這個故事有其嚴苛甚至殘酷的一面，黛博拉‧金記憶中的真相是極其痛苦的回憶，稱她是受害者一點都不為過，可是翻轉受害者形象正是邁向療癒的必要過程，做不到的話，自己竟然成為加害者。生病的確存在無辜的一面，所謂不知者無罪，可是當事人再怎麼無辜，現實就是這麼的無情，不管是痛或是病都得由自己一個人獨自承受。用「自作自受」來詮釋這種由被害者到轉成加害

者的過程，從結果論分析論述，這是老天爺賦予每個人的基本考題，考題越艱深，代表接受考驗的對象必須有承擔大任的實力。

我們都可以把自己設定成為被害者，因為沒有人教我，因為從來都不知道養生是這麼一回事，因為大家都很習慣透過藥物來處理身上的症候。如果這就是民間的養生認知，那麼「自作自受」就是社會面的生病寫照，基本上也是人類的整體生命寫照。從因果的角度看人這一生一世，甚至進一步從元神的立場分析因果的牽動，自己做的當然都由自己來承受，自己沒做好的當然應該由自己來收尾善後。

「自作自受」真是如此硬梆梆的因果關係嗎？其實不全然如此，在人與人之間的連結和互動中，透過「將心比心」的演練，可以抵消「自作」的破壞力，這是愛與勇氣的連袂，也是奉獻與服務的展現。同理是一種能力，我們從態度的觀點認識同理，經由不斷的練習，經由挫折與困境不斷的提醒，發現生命在人際關係的題綱中設定了幸福的指標。幸福為健康指引了明路，健康也為幸福的感受鋪路，人是為利他而存在，在人與人的互動連結中，心靈層級的滋長為健康寫下圓滿的劇本。

只要是人都渴望被需要和被瞭解，人與人之間的紛爭都起源於太堅持己見而不願意瞭解對方的想法，不同理對方導致雙方對立，不願意屈服甚至認錯導致嫌隙不斷擴大。同理聆聽的要點就在從對方的立場去深入瞭解對方的論點，即便雙方的想法和論點不盡

相同，因為同理，所以能降低彼此的溝通障礙。我們和身體不溝通，我們不對自己的身體同理是遠離自己的起始，說的和知道的不相同，說的和做的不相同，最終細胞的記憶和自己的認知相距遙遠，身體只能透過更加劇烈的訊號來提醒。

不將心比心，所以自作自受，反之則降低自作自受的程度。黛博拉．金的故事就在兩者之間的重要性對調後，出現巨幅的改變，同理身體的承受和承擔終究是每一位養生者的關鍵體悟。對自己的身體將心比心，否則身體一定會顯現自作自受的結果。

人是為利他而存在，在人與人的互動連結中，
心靈層級的滋長為健康寫下圓滿的劇本。

生活有兩種情況，一種自己一個人，另一種身旁有很多人。

自己孤獨一個人可以很自在，和一群人在一起有時候比起一個人還要開心。

回想所有生命中曾經體驗過的喜樂，多半是一個人，還是有其他人陪伴？

如果你已經找到共度一生的伴侶，回想你們私底下在一起最快樂的每一個片刻。

生命提供給我們互動頻繁的人際關係，有些短暫，有些長久，我們透過愛詮釋了這些機緣。

健康與長壽都脫離不了圓融的人際關係，概念中我們甚少將之連結。

你或許從未思考過待在一個融洽的工作環境和健康的關係，你或許從未思考幸福與情愛帶給健康的正面效應。

全世界都有長壽夫妻的故事，彼此尊重包容勝過於其他養生的細

節。

想到健康，你通常只想到營養和運動，你或許會想到吃葷或吃素，你或許會想到定期做體檢，你真的不容易想到你的家人和你的健康有關。

「健康是自己的事」可以繼續延伸，健康還是如何經營人際關係的事。

可以讓住在一起的家人更健康，重視和家人之間的關係可以讓自己更健康。

家是根，家是生活重心，家是溫暖泉源，健康和家人脫離不了關係。

檢視自己的家，家只是休息的地方？家一直都只是不需要結帳的旅店？

家中的氣氛是對立，還是關愛？愛流通在家裡的每一個角落，還是止於自己和情人的對話中？

正在為家人的病痛忙碌憂心的時候，應該要省思自己過去為這個家注入的元素是什麼。

人最大的毛病是堅持為自己而活的時候，卻忽略了家人是自己的一部分，不單是自己是家人的一部分。

在他生重病的時候都要原諒他的過去，為何不現在就先原諒呢？

當你隸屬於一個團體，應該要思考為何自己會是這個團體的一個成員。

我單純從這個團體得到好處，還是我可以為這個團體做點什麼。

很多團體在四分五裂多年之後，團員才有機會驚覺自己過往的自私和跋扈。

如果我們必須從歸屬感得到喜樂，一個價值觀和你相互呼應的群體就會出現。

生命中會有陪伴你的一個人或一群人，劇本的演繹都在那個階段自己是否夠成熟。

你不一定知道和你相依為命的就是注定的姻緣，都是失去之後才想起過去美好的擁有。

故事的真相都在生命的本質中，愛可以征服一切，問題是我們總是為愛下錯了定義。

我們都渴望得到愛，卻又在行為上抗拒愛，愛被我們的偏執重重的窄化了。

健康的身體需要愛的滋潤，愛多半很貼近，但是我們都視而不見。

我們抗拒別人的愛，也抗拒自己的愛，很多人終其一生不曾愛過自己。

花很大的力氣把命玩掉的人不少，花一輩子的精力把健康丟掉的人不少。

不愛自己的人不會有健康的身體，不重視人際關係的人最終健康還是被死當。

你是一個人，不要忘了身旁還有很多關愛你的人。

健康很難嗎？其實不然，就看你怎麼定義自己這一生。

可以讓住在一起的家人更健康，
重視和家人之間的關係可以讓自己更健康。

017

它就在那兒

英國探險家喬治‧馬洛里（George Mallory）的事蹟發上在一世紀之前，他有一句回答為何要登上聖母峰的名言：「因為它就在那兒」，這句話簡簡單單，可是很有韻味，也很有力道。它是什麼？山嗎？或許，可是綜觀所有人的生命價值，它是一個信念、一個目標或一個願景，或者它就是真理。一輩子為之全力以赴的目標是什麼？為了一個人或是成就企業規模嗎？追求一個心儀的對象十年，好不容易追到手而且結為連理，結果生活半年不到就離異；創辦而且經營一家公司十年，好不容易賺錢，發現身體早已無法負荷，只能轉讓經營權給他人。顯然它不會是感情，也不是事業版圖。

「因為它就在那兒」，這句話重複唸個幾次，閉起眼睛跟自己對話，問自己的元神它在哪，問自己這一生為何而來，找到追逐它的熱情，問自己它是什麼，繼續問自己它在何處。我的它不是一座山，是一群人，我看到一群快樂的人，我看到一群沒有私心的

人，我看到一群不為病痛煩惱的人，我看到一群為下一代的健康留下紀錄和足跡的人。從我決定背起養生推廣的背包那一天起，我在尋找它的面孔，我在搜尋它的眼神，我在期待它的出現，我在等候和它的共振，我在凝視它的畫面。

摘錄《快樂學》（*Plaidoyer Pour Le Bonheur*）書中的一段話：「有時候我們必須像探險家一樣，欲望在內心燃燒，想做些值得一做的事，想過一種在死亡降臨時完全無悔的生活。」人生最大面向的悔恨不是沒有錢，不是沒有快樂，是沒有時間和沒有健康，我們所真實見證的都在經營沒有時間和沒有健康，不是嘴巴說沒有時間，就是行為上遠離健康。不希望悔恨，卻一直在醞釀悔恨，因為我們沒有看懂環境的真相，是環境引導我們朝向悔恨，以前的環境是傳說，現今的環境是傳媒，我們遠離了自己，失去了自己。

從小接受要有錢的教育，可是內心深處卻一直釋放出要有閒的期望，有錢就很難有閒，有閒就很難有錢，這種二元思考本來就是一種無形的框架。史蒂芬‧柯維（Stephen Covey）大師的《第三選擇》（*The 3rd Alternative*）終於出現，他除了是改變我人生最重要的人物，他的思考架構也為我的人生下半場搭起了鋼骨。從來都不是有什麼，是為什麼，是自己是什麼，從來都不是二選一的問題，不是選邊站的問題，是重要性的問題，是優先順序的問題。當我把沒有遺憾和沒有悔恨標示成重要價值，前方的道路已經開出，生命的藍圖早已「就在那兒」。

喬治・馬洛里葬身在聖母峰附近，他的屍體在七十多年後才被發現，後人不去討論他的遺憾，而是複誦他的「它」，因為「它就在那兒」，因為它一直都在那兒。我有機會在細菌的世界中看到生命的全貌，細菌好小，卻可以很廣大，人很渺小，一樣可以很浩大，人生必須不虛此行，也必須無憾此生。裹足不前，為什麼？窒礙難行，為什麼？我很確定，限制我們的都是毫不重要的小事，要看到自己能做的事，不要看到自己無法做的事，我們都必須朝它而去，因為它就在那兒。

不行，就不行了。你不行動，就不會做，你宣稱自己不行，就永遠不會行動了。別忘了，它在等你，它就在那兒。

> 人生最大面向的悔恨不是沒有錢，不是沒有快樂，
> 是沒有時間和沒有健康，

018

單純相信

從小跟著媽媽去廟裡拿香拜拜，這是多少人生命故事的一環，看著每一位虔誠的信徒對於神像的膜拜，必須相信有一種明確的心理素質在信徒心中，就是相信。有時候相信不需要太多實證，相信可能來自於環境，相信也可能來自於教育，我們一生中曾經抱持最終被自己丟棄的相信，我們也因為不必要的相信而虛度了不少寶貴的光陰。相信是行為的後盾，沒有相信就不會有行動，沒有相信就不需要做計畫，沒有相信就不會對生命充滿希望。

很多人問我在做什麼？這種問題來自外圍，也來自圈內，回答圈外的說法很多，養生教育是一種，健康撰述是一種，至於為何而做，因為我相信世界會因此而更加美好，即使只是一小部分的世界。針對自己很有限的影響範圍，譬如學員，問題一般是為何要一直寫和一直教，一樣的，是我相信自己必須維持進步的動能，對這份工作的熱情必須一直不停的燃燒著，我看到眼前的世界一直在轉動，體會到生命的無限可能，同時體會到創意的無限可

能，因為相信的力量一直督促著改變。

我們都相信天黑之後還會有天明，也都相信今年過後還有明年，因為自然法則有一種神奇的力量，它不會異動，它不曾變更遊戲規則，是的，我們都願意臣服於法則。相信的標的物一旦屬於法則，相信非常有機會變成堅信，行走在法則所設定的道路上將展現自信，堅守法則的規範將淬鍊出紀律和信任，養生之道是堅守身體的法則，健康之道是行走在身體法則所制定的軌道。何謂身體之道，何謂身體的法則，相信是第一步，理出身體的時間軸之後讓身體來陳述道之所以是道。

我們每天都讓身體接受違逆法則的食物，也經常性輸送毒害身體的藥物進入體內，似乎潛意識中對身體存在一種依賴，或說相信，相信身體都能處理，相信身體都會負責。最弔詭之處是我們根本都不相信自己的身體，吃藥就是最不相信身體的行為，因為不相信身體所以要吃藥，因為不相信身體所以要相信醫生。至於每天都吃進肚子裡面的食物，表面上相信身體能處理，可是一旦懷疑食物不潔淨時，身體清除毒素廢物的能力頓時被我們忘得一乾二淨。

身體是法則，相信身體是法則的肯定是走在身體之道的人，相信健康的主導和維繫權在身體的絕對是早已熟練和空腹相處的人。試圖在課堂中激發出暫時性的相信，為何是暫時性，因為沒有做的結果等於不相信，即使一時相信最終也不再相信。遠離身體的

人最終一定選擇醫療，不相信身體的人最終一定得適度仰賴藥物，相信身體之後會產生協調的節奏，因為相信，身體所有系統之間的完美默契就會出現，不相信身體則破壞了身體的正循環，使用藥物之後將在身體內製造興風作亂的惡性循環。

相信身體只是一個念頭，可是這一念之間會轉成強大的力量，好比一支全然信任彼此的團隊──如果人與人之間沒有一點雜質，只有相信，如果我們和身體之間沒有任何猜疑，只有相信。懂身體的人一定會讓身體休息，疼惜身體的人一定不會迷戀藥物，明瞭身體脈絡的人一定會在夜間給身體有充足睡眠的機會，健康的原動力居然可以只是單純的相信。

吃藥就是最不相信身體的行為，因為不相信身體所以要吃藥，因為不相信身體所以要相信醫生。

019

相信的開關

在艱深的學術理論中，在複雜的身體脈絡中，可以嘗試理出一條單純而且方便理解的理路。這是我所熱衷的工作，在盤根錯節中整理出回歸身體的道路，在複雜的迷宮中開出一條直通健康的明路，道路的起始總是有一個明亮的標示，上頭清楚寫著「相信」兩個大字。從說明深奧的細胞自噬論述得到一種體悟，深入研究科學論述還不如練習把細胞自噬的開關打開，尊重睡眠法則就打開了，用心練習斷食就打開了。你可能還在質疑或評估是否該相信，直接選擇相信的人的自噬開關已經打開，單純相信的人早已優游自在於身體的自主能力中。

我是這樣思考的，每個人身上都有一個從不懂身體轉而相信身體的開關，我的工作就是走到他前方，將這個開關打開。這是我進行十多年的工作，少數人的開關被打開之後就不再關閉，即使環境具備再關閉開關的能力，可是畢竟汙染和誘惑是雙重的破壞力，多數人最終都屈服於人性的權柄。一樣的，相信是起始，專

注是態度，持續是力量，當打開開關的人多了，力量逐漸增強，回歸身體居然有機會形成風潮，因為透過自律養生原本就是你我的能力。

我們一旦受限於每天的工作時數和每個月的固定收入，開啟開關的美好可能只是憑空杜撰的情節，無限延展的宇宙可能只是天馬行空的夢境，渡人健康的職志可能只是科幻小說的故事。從不足的思想轉成無窮的資源只是一個念頭的轉換，從有限的框架變成無限的創意只是掀開蓋子的簡單動作，我們都不小心身陷競逐的陷阱中，我們都無意識的被送進重複動作的生產線中。請抬頭看到手握遙控器的人，請拿起望遠鏡看到指揮若定的罪魁禍首，我們都不屬於傷害自己的集中營區，我們都擁有翱翔天際的天賦。

身體是存在，身體是本有，身體是天賜，身體是寶藏，身體好比宇宙資源，身體好比無底深淵，身體是承載靈性的交通工具，身體是運行自然法則的如來神器。在這一刻，讓特定的心理素質揚起，或者稱之為慶幸，或者解讀成珍惜，我們是人，擁有完美的一切，擁抱無窮的寶藏，遠離病痛是本能，健康長壽是本然。人類的腦神經細胞就為我們做了無限制延展的示範，腦細胞透過突觸傳遞訊息，而訊息的細部傳遞則委由突觸與突觸之間的神經傳導物質，從頭部到手腳，從身體到頭部，從腸道到細菌，從細菌到大腦，深思，我們擁有小宇宙的無限可能。

從「藍海策略」理論被提出，市場觀從殺成一片的紅海轉向潛力

無窮的藍海，養生市場的商法的確已經造成橫屍遍野的大紅海，那真是身體世界之外的超級紅海，是棄真理於不顧的深紅海。如果你已經是覺醒的一員，是應該要思考自己的人生和未來這塊大藍海之間的微妙關係了，商法不會是這條理路的重心，覺醒是開啟開關的價值，希望是從相信到行動的傳輸，共好是養生大藍海最圓滿的藍圖。

閱讀過《小眾，其實不小》（*NICHE*），書中一個很不起眼的小標寫著「用心打造巢穴，讓小眾們看見你的努力」，文章的最後，作者以「我們該做的，是找到自己的小眾。」做結尾。大小要如何定義呢？多少要如何取捨呢？我總是在感動的眼神中看到生命的希望，藍海市場都在，我們也都在，比較在乎的，是你在不在。

我們是人，擁有完美的一切，擁抱無窮的寶藏，
遠離病痛是本能，健康長壽是本然。

020

健康正解

尋找健康正解很久了，是嗎？告訴你一個不是很正面的消息，在民間的所有資訊通路中，循著一般的訊息管道，找到健康正解的機會是零。因為健康的正解不在傳媒所放送的資料中，也不在市面上的所有養生保健書籍中，當然也不會出現在養生專家學者的言論中，健康正解在找尋者自己和身體對話中，而且是持續對話中的訊息更新，最後正解出現在瞬間，可以是一種感動，也可以是一種豁然開朗的領悟。

找到健康正解，代表身體已經甦醒，甦醒就是清醒，清醒代表身體會偵測到所有不應該存在的囤積和毒素。這時候身體最需要什麼？

最明確的解答是生命力，生命力可以是陽光、空氣、水，還有一種代表生命力的元素是細菌，當腸道細菌和免疫系統建立對話的平台，當腸道細菌可以充分協助食物消化後的善後工程，當腸道細菌形成一個參與身體聯繫管道的重要據點，健康不再是目標，

是體悟，是擁抱。

找到健康正解，代表身體已經採取主動，採取主動就是不再被動的接受大腦的指使和差遣，採取主動就是身體完全進入執行任務的自動檔，採取主動就是身體一律做該做的事情。

當身體主動運作時，使用脂肪當燃料變成身體的首選，把血管裡面不當的囤積移除變成例行的工事，把腸道空間所囤積的廢棄物逐步運出變成每天的重點工程，把長久失去平衡的內分泌系統逐一調整自然是身體主動積極態度的一部分。

找到健康正解，代表身體已經進入整頓菌腦腸軸通訊品質的動能，身體正努力建構腸道細菌的基地，需要生命食材的充分補給，需要各種優質菌種的持續支援，需要靜候腸道微生物群和免疫系統之間聯繫管道的雙向暢通。

找到健康正解在充滿發酵文化的地區是常態，酵素資源充沛的身體提供菌腦腸軸三方最扎實的能量後援，充滿酵素動能的腸道菌相就是提供健康正解的根據地。

尋找健康正解很久了嗎？很有決心的尋找下去，生命一定會回覆最真實的機會。這是我的生命故事，不曾放棄尋找，不曾丟掉靈感，也不曾丟掉希望，終於讓我找到。

健康正解在不遠的地方，在身體裡面，在信念裡面，在行動後面，在反覆練習與驗證中，在重複學習與進階中。

健康正解的呈現是自信，是熱誠，是助人找到健康正解的動力，是利他生命藍圖的完美鋪陳。

找到健康正解，代表身體已經進入整頓菌腦腸軸通訊品質的動能，身體正努力建構腸道細菌的基地。

我們經常從哲學家的視角解讀「我是誰」以及「我為何而來」，不常從認識自己的角度問自己相關問題，可能很本能的判讀「我就是我」和「我就是來了」，沒有深入探討「我」的必要。設想自己是罹癌末期的人，對於即將離世的人將心比心，或許很自然會探索自己這一趟生命旅程的目的，或許這段旅程的點點滴滴就變成回顧的主要畫面，或許赫然發現自己耽誤了這趟旅程所規劃的目的。

癌症病患在確診後重用自己的大腦前額葉皮質，那是自我探索的重鎮，那是和元神對話的認知區塊。人類的大腦在進化層級上與其他動物不同就屬前額葉，生病促使當事人啟動和自己對話，是主動，也是被動，在反應中進入不一樣的思維。透過善後來詮釋就容易理解，被動式人生經常圍繞在善後，反應式過日子的結果總是一團混亂，前額葉的積極主動只是流於因害怕恐懼而出現的設防和猜忌。

人際關係由大腦前額葉所管轄，生命價值需要有人際關係的支撐，人際是一種陪伴，是別人陪伴我們？還是我們陪同別人？是別人給我們？還是我們給別人？這裡出現主詞和受詞的差異，主動經營人際和被動反應有態度上的極大差異。在生命的終點急尋生命價值，代表我們對於自己為何而來都很好奇，或許可以進一步說都有規畫。認識自己或是愛自己是人的天職，經營自己和提升自己是人生的學程，服務他人和為群體貢獻是人生的典範軌跡，我們都是為利益他人而隻身前來。

癌症病人要深思的正是自己還可以奉獻的板塊；癌症病人需要和自己對話的內容是——確認這一生還有繼續為人服務的熱忱，而不是對自己的生命際遇充滿遺憾和愧疚。私心很無情，因為當你認識自己，你就看到你可以為他人奉獻的熱情，當你清楚自己的生命價值，你的免疫系統會進入清除癌細胞的程序。積極主動是一種認清生命價值必然呈現的態度，價值排序也是積極主動所經營的視窗，和生命價值無關的人事物會逐漸捨棄，因為被侵犯或剝奪而衍生的對立感會逐漸不存在。

在生命終止前掉下了眼淚，不捨嗎？難過嗎？愧疚嗎？相信這些因素都存在，我相信是對於生命的荒廢有很深的覺悟，是對於初衷和結局的落差有很深的懺悔，是對於未能更早看到自己的生命價值出現錯過的反省。牛在屠宰場被宰殺之前掉下了眼淚，或許眼淚夾帶著對人類行為的指控，或許是自己生命際遇的委屈，可以確定人有別於動物的生命規畫，我們需要善用大腦前額葉的天

賦，把「我是誰」和「我的去處」很有效率的串接。

身體為自己是誰示範了自主的態度，和身體對話是和自己對話的橋梁，身體是自己的一部分，健康是能夠和自己深層對話的一種狀態，眾人的福祉是和自己深度對話之後的思考板塊。

癌症病人需要和自己對話的內容是——
確認這一生還有繼續為人服務的熱忱。

對於養生有某一刻的頓悟，那是舒活營還在林口舉辦的時代，那時候的活動是兩天一夜，我的領悟在好幾次活動的第二天上午，活動快要結束前的某一刻。曾經不只一位學員上台分享是這樣開場的：「先讓我們對於這兩天為我們服務的志工老師們鼓掌表示感謝，他們的服務很到位，很貼心，也很辛苦。」我從未忘記全場感動的氣氛，很多位學員的分享中都揚起感動的氣場。一定要強調，抓住那一刻的是心，不是大腦，是心的看見，不是思考的意見。

感動如何發生？我的思考很快回覆「需要時間的付出」，可是隨即被自己的經驗所糾正，心從眼神傳出，可能不需要幾秒鐘的延續，感動已經出現。感動有快樂效應，感動帶動全身細胞的生氣，感動存在靈性層級的共振，我領悟到這是健康不能缺少的元素，健康需要這種源自內心深處的悸動。感動是一種人與人之間互動所產生的情緒，屬於心和心之間的對頻，來自一方的真誠帶

動另一方的真心，這是一種和宇宙共振的人際關係，這是人能夠為世界奉獻的最根本覺悟。

這是造物為養生所設計的基調，有一個人的基礎，有兩個人的對應，有一群人的共頻，有眾多人的信任和對彼此的關心。看過好久不見的家人見到面那一刻的感動，這個時候最本能的舉動就是擁抱；看過美國大兵為國家出征回國的場面，他們抱起兒女，和妻子和父母親擁抱，旁觀者內心的節奏就是感動。如何讓感動和健康相容，我們都得回歸身為人的初衷，想想對旁人伸出援手是什麼感覺，想想對生命的呈現充滿感恩是什麼情境，想想一群人互信互助是什麼樣的境界。

心很直接，它看到的是真，它收到的是誠，它期待更多的愛和關懷，心有共好的圖像，心有團結的意象。這樣的心我們都有，它從來都在，只是被覆蓋了，只是被蒙蔽了，只是環境引導我們忽視它的存在。問自己多久沒感動了，問自己多久不曾收到旁人對你的真心關懷了，如果答案很肯定，這是一種警訊，這是你遠離健康很明確的訊號。這是自我檢視的時候，旁人不再關心一定有我們不關心他人的足跡，你是否不時就怨天尤人了？你是否進入自暴自棄的情緒而沒有警覺了？

疾病面向充斥著人類獨有的競爭模式，生病軌跡源自於人類所營造的成功版圖，特殊病症處處都是人類所自創的情緒低谷。是否忙著生氣而沒有察覺？是否經常對人不滿而獨自鬱悶？是否不時

處於時間的壓力而緊張煩躁？突然有對上天發出「為什麼是我」怒吼的一刻，那是你應該要靜下來好好問自己「為什麼不是我」的時候，問題背後的問題是「為什麼我好久沒有感動到掉淚了」。

養生有責任的意境，照顧好自己是責任，關心他人是義務，接受他人關心是權利，在人與人的真心互動中，你常感動嗎？

感動有快樂效應，感動帶動全身細胞的生氣，
感動存在靈性層級的共振。

你有理想嗎？你充滿使命感嗎？這不是假設性的問題，可以自問，也可以提出來探討，可是探討的結果有可能讓理想瞬間消失，也可以讓使命感不再荊棘滿布。漸近線最能詮釋這種稍縱即逝的美感，接近了，觸摸到了，感受到了，欣賞到了，就在這一刻，或者就在記憶鮮明的某一刻。理想經常是那遙不可及的美好？使命經常是那得隴望蜀的視野？自從理解憧憬的意境，自從把願景的意義收納在記憶中，是鋪好了一條值得戮力以赴的路，卻很容易忽視這一刻的風景。

我就是那個從小就充滿理想的人，也是不時在提醒自己使命感很重要的人，每一個階段都是那麼充滿自信，而每一個被自己終結的階段又都是那麼戲劇性的干擾了理想。有理想沒有不好，也不是不對，發生的問題不在理想本身，都是在執行面所牽扯的人事物，有理想還得兼顧現實，現實可能牽動理想，也有機會促成更美好的現實。現實裡面有多少真實決定了理想是否逐漸靠近，現

實中有多少誠實的比重決定了使命是否符合理想的實質。

感動是生命中最值得珍惜的片刻，靈性的淚水是生命中最必須深究的因果，感動有生命記憶的觸動，愛是動物都具備的天賦，推開現實的大門，吸引我們的是愛和情。遠離食物一段時間之後，對於食物的感官居然可以如此的迴異——如果食物的美味足以讓你感動到眼淚泛出，對於珍惜，頓時出現前所未有的察覺。把這些元素置入養生的演練中，少是生命不斷的提醒，捨是生命最常示現的覺知，想到身體每一刻的勞碌，想到我們對於身體無時無刻的忽視。

養生是否是一輩子的事，問題的本身就存在很多問題，養生不應是一件事情，可以說是一種態度，我當它是一種生活態度，是生活的一部分。尊敬是人對於人的一種感受，可以放大到對於自然法則或者是造物主的視角，我們唯獨很少對身體升起尊敬的表示，在道法自然的體悟中，體悟到身體屬於大自然的一部分，發覺身體在行使大自然的法規內。從理想談論到真實和誠實，繼續談論到珍惜和尊敬，我從面對自己的這一刻看到養生的本質，「即知即行」提醒時間不等人，「當斷則斷」提醒改變的急迫性。

對身體展現愛是養生，無關理想，也無關使命，這一刻有多少人願意珍惜自己的身體，這一刻能協助多少人疼惜自己的身體，這一刻有多少人在和身體對話的實踐中領悟了養生的真諦。理想是

虛幻的夢境，使命是短暫的目標，這一刻是理想的全部，這一刻就是使命的達成，這一刻告訴身體我懂你，這一刻告訴自己絕對尊重身體的決定，這一刻確認自己在養生，這一刻確認自己會養生。沒有健康就沒有理想，沒有這一刻的基礎就不會有願景的藍圖，沒有這一刻的自信就不會有豐富的生命。

養生是否是一輩子的事，問題的本身就存在很多問題，養生不應是一件事情，可以說是一種態度，我當它是一種生活態度，是生活的一部分。

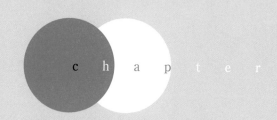

c h a p t e r

第三章

自律 自信 自由

「我所謂的領導人並不是指爬上高位、掛著領導人頭銜的少數人。這種領導人的概念是工業時代的遺毒，那種階級式的思考早已過時。我說的領導力是：有能力決定自己的生活，在朋友圈中、自己的家庭中當個領導人，也就是成為你個人世界中的一股積極而有創意的力量。」

——《第三選擇》／史蒂芬・柯維

自律是修心

在醫院的門診間，醫生告知病患已經沒有多少日子，請病患好好把握有限的生命做想做的事情，去想去的地方，見想見的人。病人離開門診間，抱著家人痛哭，口中喃喃自語，說著：「我還有好多事情沒有完成，怎麼辦呢？」類似的劇情或許生疏，或許也很熟悉，即使不是被醫生宣判死刑，我們都經常覺得時間不夠用，想做的事情都沒空做。人一生以百年計，打個八折八十年，可以做事的時間不算少，我們到底想做什麼？我們想做那麼多事情，是否問過自己為什麼？

或許真正問題不在想做的事情多寡，而是我們對於時間存在一種誤解，潛意識中覺得時間很多，因為時間多所以可慢慢來，因為時間夠所以可預留很多待辦事項。如果你今年三十歲，不代表生命還至少有五十年，如果你今年六十歲，也不代表生命就僅剩二十年。我們的生命長短不可以透過平均值來推算，變數可能多到完全無法預料也無法掌控，而最大的變數就在我們的價值觀，試

圖滿足所有人事物的結果，造成缺乏專注而且毫無效率的生活。

時間就是生命，想圓滿的事情太多，結果是所有事情都不圓滿，在清楚明辨生命的重大價值之前，發覺自己重重荒廢了生命。尤其是把時間聚焦在金錢的追逐，最終體會到人生不因賺錢而存在價值，人生的最大價值在利他，而利他的基礎就是健康。生命最需要專注在健康且有意義的活著，這是我某一刻的體悟，可是健康的定義何其籠統，所以健康的真相必須追根究柢，終於發覺身體時間軸的存在，終於體會到自律和健康之間密不可分的關係。

時間不多其實是一種啟示，「珍惜每一個現在」對於步入中晚年的人多少有感，就在更加確定自己得以擁有健康的晚年，對於時間更能珍惜，對於專注更加體會，對於人事物的取捨更加能夠精準的掌握。自律和自信之間存在一種奇特的優勢循環，越有自律就越加擁有自信，越有自信就越能掌握自律，這兩者之間是效率，也是健康，生活有效率之後充分享受自由。連結到利他，是高效率的利他，是值得分享而且傳承的利他，造福下一代將是這一條路最美麗的藍圖。

坐在門診間聽候醫師宣判的劇本不是我們所期待，不要這個果就得先揚棄相關的因。自律是修心，不與人對立是修心，將心比心是修心，不發怒生氣是修心，平心靜氣是修心，專注在重要的事情是修心，妥善安排時間是修心，平和接受所有結果也是修心。回到養生的主軸，面對這麼多面向，難嗎？或許！可是在專注於

自律中卻能奇蹟式暢行，確定「要」就沒有阻礙，方向明確就沒有障礙。

在意別人的眼光就處處是障礙，專注在重要的事情就會忽視他人的觀點，人生因擇善而專注，健康因修心而圓滿。

自律和自信之間存在一種奇特的優勢循環，
越有自律就越加擁有自信，越有自信就越能掌握自律。

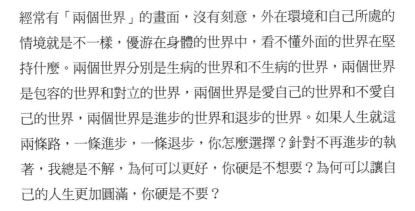

經常有「兩個世界」的畫面，沒有刻意，外在環境和自己所處的情境就是不一樣，優游在身體的世界中，看不懂外面的世界在堅持什麼。兩個世界分別是生病的世界和不生病的世界，兩個世界是包容的世界和對立的世界，兩個世界是愛自己的世界和不愛自己的世界，兩個世界是進步的世界和退步的世界。如果人生就這兩條路，一條進步，一條退步，你怎麼選擇？針對不再進步的執著，我總是不解，為何可以更好，你硬是不想要？為何可以讓自己的人生更加圓滿，你硬是不要？

說不要當然是曲解了所有人內心的意向，快樂每個人都想要，幸福所有人都想擁抱，健康當然是最基本的要求，唯獨健康早已在人們的心中形成了一座高牆。站在進步與退步的十字路口，不願意進入退步道路的人卻在進步的門口裹足不前，只有一個原因，他們不相信這條道路可以直通健康，他們甚至懷疑自己的人生夠資格享有遠離病痛的權利。在這些人的腦袋圖像中，人遲早都會

生病，人都將因為生重病而離開人世，不生病的機率乏善可陳，健康不是一個值得努力的標的。

身體的時間軸概念即使抽象，可以是簡單易懂的觀點——只要把時間和熟食合併在一起討論，在時間軸中挑出熟食的落點。一旦把執行方案鎖定在不吃，障礙橫豎就在眼前，可是只要明白身體的立場，只要把熟食和身體的互動關係降到一定的門檻，就能把習慣交給身體來操作。這一段說明只需要一個指令，就是相信，這就是入門最簡便的門票，可是碰到腦袋極度複雜的人就好比生命的魔考一般，他們的詮釋是太困難了，他們寧可把這麼容易執行的事情安置在不存在的世界中。

周旋在「我相信，可是我做不到」以及「我聽得懂，可是得好好考慮一下」中，從結果論來回分析比對，這和「我不相信」有什麼差別呢？把「知道」兩個字拆解開，應驗了一般人認知中的兩種學習層級，收到是一種，至於做不做就另當別論。類似職場中的名片文化，交換了幾百張名片，結果多半是廢紙，因為不會再聯絡，因為完全沒有交集，對方是誰甚至在什麼場合見到面的，可能都不記得了。

我可以把遠離重症的路徑粗分成三條，第一條是限時飲食，細節就不在此贅述，這是把胰島素不穩定的狀態擺平的大方向，從學理以及人體實驗的證據顯示，限時飲食絕對是遠離重症的基礎。第二條路徑是肝膽淨化，這裡出現了民間質疑聲浪最大的肝膽毒

垢，搭建這座高牆的源頭是醫療，類似這種立場和既得利益的對立是人類世界的常態。第三條路徑是不生氣的演練，把沒有對價的練習熟練到一定程度，同時練習同理聆聽，戒斷所有因情緒或不快樂所導致的疾病路徑。

重點來了，以上透過研習和實證所做的歸納，你相信嗎？遠方那個不生病的圖像你看得到嗎？

周旋在「我相信，可是我做不到」以及「我聽得懂，可是得好好考慮一下」中，從結果論來回分析比對，這和「我不相信」有什麼差別呢？

026　果決

外科主任在手術房指導新進外科醫師，下刀的第一時間，新手醫師遲疑了一會，接下來馬上被勒令離開手術房，由外科總醫師接手。主任的邏輯很簡單，那一會的猶豫代表還沒有準備好，猶豫是健康議題，遲疑是一種影響健康的心理素質。缺乏勇氣的殺傷力有多大，我們可以在做事不果決的人身上看出端倪，可能是人格特質，也可能是環境使然，就是沒把握，就是不確定，就是沒有辦法做決定。

生活中經常有「第一時間」的考驗，多考慮一秒鐘，可能機會就不再存在，事情可能就完全走樣。在大眾運輸系統上讓位給長者，在對方出現在你眼前的第一時間起身讓座，相較於思考幾秒鐘後起身，誠意就不一樣，看在旁人眼裡的感受也不一樣。幾乎所有球類運動都在演練第一時間的力道，那個十分之一秒瞬間的反應和爆發力，那種全神貫注的篤信和投入——長期觀察專一和健康的關係，確認健康必須形成內心堅強的價值信念，畢竟信念

會連結到執行的強度和堅定程度。

追溯遲疑的源頭，找到恐懼的足跡，在現代人的意念版圖中處處是恐懼的影子，如果恐懼是你這一刻的問題，將會是未來的健康問題。我們害怕改變，暗示自己可以不要改變，告訴自己改變的風險太大，不惜警告自己那個美好世界是假的，自己所熟悉的框框才是真的。當階段性斷食的資訊到達，相信的人不少，願意行動的人卻不多，因為現代人害怕飢餓，他們恐懼一段時間沒有食物的進駐，他們暗示自己斷食不適合自己，肯定還有其他方式。

恐懼和不確定纏繞在心裡，形成絕對性的負面思考和傳導，直接間接干擾了腸道的健康，加上不相信「菌腦腸軸」，細菌和免疫系統在腸道的合作關係又是一則天方夜譚。一旦身體出現惡性的轉變，恐懼在他們內心高度被強化，貶抑免疫力的負面磁場在身體內流竄，最終吞噬掉生命。恐懼其實是最深層的干擾，不確定是體內形成的磁場，表現出來的是不相信或不願意，從結果論分析就是少了自主權，身體的自主權被恐懼所壓抑，生命的自主權則交給了他人。

從相信開始進入實證，從行動中去消弭猜忌害怕，果決才有機會淬鍊出來，勇氣才有機會展現在人格特質中。勇氣可以在持續練習中培育出來，行為的背後不是願意嘗試，是願意相信，相信的意念可以轉換身體的磁場，信和行的合作可望創造出神奇的結果。有不少我輔導過的學員對於自己熟練斷食感覺不可思議，相

較於早期的抗拒和質疑，回溯自己過往的飲食習慣，想到此刻的自己，除了不可思議，還是不可思議。

我個人的生命際遇就是一齣不可思議的範例，從小時候的恐懼不安到這一刻的無所畏懼，深知是臣服和相信促成了所有的美好。

生活中經常有「第一時間」的考驗，多考慮一秒鐘，
可能機會就不再存在，事情可能就完全走樣。

打開窗，吹來一陣涼風，風線掠過皮膚的感覺是一種幸福，這是擁有感官和自然親近最簡單的方式，這一刻的愜意竟然出現一種悵然的孤獨感。從窗戶往下看，看到小朋友在公園玩耍，看到陪伴小朋友玩顯得幸福洋溢的家長，還有坐在輪椅上表情呆滯的老人，身旁有一位正透過手機和朋友聊天的外傭，公園外圍就是熙來攘往的人群，看來都是健康的人。為何解讀健康，為何連結健康，因為窗內的人病了，失去健康的人有屬於自己看待人生的獨特視窗，別人都健康，而我卻沒機會健康，這是一種淒涼的孤獨。

孤獨本是生命的一部分，靈性離開人身就各自飛奔，越接近死亡就越能感受孤獨，越不健康就越接近死亡，越不養生就越不健康。孤獨是生命遊戲規則的一種狀態，孤獨是擁有人身的一種特權，在五濁惡世中尋求淨土就得容忍自己孤獨，在主流醫學的霸權中堅守身體的權益就得熟練孤獨。專注是孤獨，進步是孤獨，

力爭上游也是一種孤獨，孤獨不是棄他人於不顧，孤獨是勇往直前，孤獨是先鍛鍊自己而後成就他人。

病了才孤獨是不懂孤獨，病了才灰心喪志是誤解孤獨，病了才呼天搶地是凌遲孤獨，病了之後怨天尤人是放棄孤獨的權利。不懂孤獨的人比比皆是，在不願意孤獨的人群中，人云亦云是規則，道聽塗說是準則，不假思索是態度，他們眼中的孤獨是標新立異，他們指責孤獨是離經叛道。在科技文明發展的今天，健康的真諦被不斷驗證，養生的法則回歸身體大道，和身體合作是最務實的養生態度，這條道路不孤獨不足以前行，健康之道不孤獨不足以成就。

我在刻意練習斷食中體驗孤獨，也在養生的課堂中分享孤獨，唯有確認孤獨的定義方能擁抱孤獨，唯有能勇敢面對孤獨方能擁有健康。所以，必先享受健康的孤獨而能規避生病的孤獨，必先熟練和身體對話的孤獨而能知悉眾人未來的孤獨，必先享受不吃的孤獨而能了悟遠離身體之後的必然孤獨，必先熟練擁有人身的孤獨而能坦然預見靈性脫離人身之後的孤獨。

美麗的樂章都在孤獨情境中被創造出來，曠世巨作都在孤獨的環境中被激盪出來，孤獨可以淬鍊領導，孤獨也可以醞釀成就。真正擁抱孤獨者必然不孤獨，提早熟練孤獨者必不孤獨，孤獨一旦是技能，就會形成共識，熟練孤獨的群體必然團結，坦然面對孤獨的團體必能壯大。生命從孤獨而來，生命在孤獨中遠去，身體

屬於自己，自己屬於身體，養生存在孤獨的意境，生病存在孤獨的處境。

一顆孤獨的種子得以成就一片森林，一顆孤獨的真心得以感動全世界，且讓孤獨帶領，且讓孤獨跟隨，且讓孤獨不孤獨，且讓孤獨壯大孤獨。

孤獨不是棄他人於不顧，孤獨是勇往直前，
孤獨是先鍛鍊自己而後成就他人。

028　秩
　　　序

1962 年諾貝爾醫學獎得主弗朗西斯・克里克（Francis Crick）在他的著作《生命本身》（*Life Itself*）寫道：「一般而言，生命，特別是人類的意識，是那麼神奇，所以不可能是由地球本身所產生，而應該源自於宇宙中某個地方。」在所有關於生命源起的研究中，細菌和所有生物之間存在不可分割的關係，生命的碰撞和混沌都被一種奇特的秩序所整理而且保存下來，這是演化與進化的理論根據，唯獨人類的意識總是存在超越所有可以理解的證據之外的詭譎。

探討生命起源的《演化之舞》（*Microcosmos*）中記錄以下這段文字：「為了生存，每個生命體首先得『自尋生路』或『自我維生』。換句話說，它得機動照料自己，以面對世界的捉弄。」看到這段文字，你所解讀的「生命體」是包含動物體的人體？還是囊括所有植物？或者可以從細菌的立場去解釋？甚至於從體內的每一個細胞的立場去思考維生的本能？如果維生是細胞的本能，

那麼六十兆細胞所組成的身體應該更有維生的實力，為什麼我們的身體可以發展成讓我們都無法掌控的局面？

我經常開車走南京東路穿越敦化北路，過這個大十字路口時總要特別留意敦化北路兩側的動態——想起萬一紅綠燈故障的這個十字路口，萬一沒有交通警察或義交進場控管車流。十字路口旁的小巨蛋不時有排隊聽演唱會的人流，一萬人進場後的分流、演唱會現場的秩序維護是亂中有序的工程。秩序背後的態度是遵守，經過教育後的遵守是本能，遵守規矩如果是混亂中單位的態度，秩序是必然的展現。

《演化之舞》有另外一段關於秩序的描述：「觸媒在生命產生之前是很重要的，因為它們可以在化學反應過程中，對抗分子之間漫無目的的碰撞，產生有秩序及特定的結合型態。」想想我們的肝臟和胰臟裡面隨時都在進行的千萬種生化反應，它們需要有大量觸媒的支援，弔詭的是肝臟胰臟本身又同時是供應觸媒的單位，它們在製造觸媒的過程中同時消耗掉身體大量的觸媒資源，只因為我們把食物中的所有天然觸媒都破壞殆盡。

觸媒就是酵素，和抗體一樣，和荷爾蒙一樣，是身體的一種具備特殊功能的蛋白質。這些功能性蛋白質都在維繫身體內部的秩序，有控制車流的交管中樞，也有在十字路口管理交通的交警，人體存在演化最高層級的配備，出錯的源頭不在突變，在人類的意識。意識可以絕對的美好，也可以變成極度的醜陋，意識是人

類的保障，卻也是人類的考題，意識可以被人類善用，也可能被人類濫用。

人類至今還未真正面對全球性毀滅食物生命的後果，這是人類意識的創作，也是人類意識的超級迷失，熟食效應和溫室效應一樣，惡化的速度永遠超越覺醒的程度。

‖ 熟食效應和溫室效應一樣，惡化的速度永遠超越覺醒的程度。

空氣、陽光、水都很重要，缺一不可，可是唯有空氣不允許太長時間缺乏，不僅腦部缺氧，可能連性命都不保。睡眠、運動、飲食都很必要，缺一不可，可是睡眠和活命的緊密程度遠遠超越其他兩項，我們或許可以一天不睡覺，可是兩天、三天少了睡眠，眼睛不再是眼睛，腦袋不再是腦袋，感覺生命即將終了。重要的生命元素會出現排序，不是主觀的排序，是法則的排序，是生命存在的原始排序。

打開行事曆中的每週行程計畫，我們把每天的約會和行程排得滿滿，內容大致屬於主觀的排序。把半年前的行事曆翻開，發現不少時間的投資都不符合經濟效益，發現很多約會都是時間上的浪費，這就是主觀價值，今天的認定和過去不再一樣。在不斷更動的價值排序中，少許事項的重要性維持不變，它們禁得起時間的考驗，在物換星移中，這些事項的排序永遠維持在重要性很高的地位。

舉三十年前我的角色扮演，那時候我有父親的角色，有先生的角色，有兒子的角色，有公司負責人的角色，同時還有好朋友的角色。如果把角色重要性排序，家庭裡面的三種角色重要性絕對超越工作上的任何角色，可是當年的我把時間分配給工作和社交，而且沒有商量的餘地。事過境遷，此刻的排序顯然不再是當年的模組，在生命的磨難中，學習很精準的安排優先順序，挫折越多就越看得清楚。

如果食物指天然食物，如果添加物指加工食物，在食物、藥物、添加物之中做出需求的重要性排序，很多人會在情勢的脅迫下捨棄天然食物。現代人被環境引導遠離身體，我們允許熟食添加物大量的進駐身體之內，同時接受藥物不斷的挑戰身體的容忍極限，重要排序中赫然發現不得已的影子。我們做了選擇，接著告訴身體不得已，必須接受藥物持續荼毒身體，必須接受在法則的排序中完全不存在的因素，好比我當年選擇忙事業而忽略陪家人，不斷暗示自己不得已。

主觀耽誤了多少生命長度，我們不會知道，固執終結了多少生命，或許也無從估算。大快朵頤的美麗慰藉緊緊抓住人們的意念和主觀排序，食物的生命樣貌不再是重要議題，身體處理食物的負擔也無足輕重，身體如此重要的法則憑藉就被擱置在不重要的角落。好比我們被引導去關注生食裡面的汙染，選擇忽略身體處理汙染的能耐，好比我們被提醒要留意水果的寒性，總是忽略身體的平衡力，在現代人的認知中，身體只是處理垃圾的工人，只

是接受派遣的小弟小妹。

健康長壽如果是一條路，不變的選項是身體優先，其餘次之，這條路必須是身體法則，必須迎合身體意識，必須讓身體做主人，大腦必須很甘願的退位。當你走在身體道路上，必須有信心引導圍觀者進來感受，不去理會旁人的叫囂，如果不是，那你還在外圍，那你還不認識自己的身體。

主觀耽誤了多少生命長度，我們不會知道，
固執終結了多少生命，或許也無從估算。

030

自由天地

「和身體對話」可以是抽象的描述，可是在限時飲食的範疇內，相信每一位執行者都能夠詳實的抓住身體所釋放出來的訊息，熟練和身體充分共振的頻率。探索身體真相對我來說是一條奇幻旅程，最重要的工具是閱讀，近二十年的生命回顧，到處有和書本相處的足跡。我把學生時代求學過程形容成痛苦的經歷，連自己都覺得不可思議，其實小時候課外圖書帶給我的快樂似乎埋藏靈性記憶的牽動。

如果你崇尚科學，而且和我一樣經歷這一路的身體脈絡探索，可能會有一個非常巨大的疑惑，然後問自己：「這是科學嗎？」如果你是一位設計機器人的科學家，當科學家想建造一個既會潛水又會跑步的機器人時，就會想到問自己：「人體是誰設計的？」學者都會透過文字記錄自己的發現，深入人體脈絡的科學家在文字記載中總會流露出強烈的疑惑和不解——針對他們深入身體後所見證的巧奪天工。

疑惑是「不可置信」，不解是「超越所能理解的極限」，最真實的描述是──讚嘆；邀請全球的演化學者列席，不論主題是共生還是進化，最終多少有無法解釋的結論。我個人的人體探索歷程經常不是自然和文明的對照，就是兩個截然不同世界的體悟，更常出現在我腦中的提問是：「人類真是萬物之靈嗎？」「人類真的是最聰明的物種嗎？」我的思考脈絡繼續進入立場的意識版圖，文學家厄普頓‧辛克萊（Upton Sinclair）的話再度響起。

「一個人要靠不瞭解一件事賺錢，就很難讓他瞭解這件事。」跨越了立場才有機會塗抹掉良知表面的塵埃，捨棄掉自己的好處終會領悟人類的極限。我們都有機會在生命旅途中發覺方向錯誤，堅持往錯誤的方向前進是人類特有的行徑，不是良心被利益綁架，就是良知被權力所蠱惑。身體準備好一切，這不是醫療的範疇，是每個人身上都存在的配備，我們不知道如何開啟身體的智慧，我們甚至不知道不生病是身體的基本職責。

〈刺激1995〉（The Shawshank Redemption）是一部二十多年前的經典電影，描述一位銀行家安迪的妻子遇害，同時遇害的還有他妻子的外遇對象，安迪百口莫辯而入監服刑。在獄中，安迪意外發現牆壁的材質可以挖出通道，透過一張海報的掩飾，他利用晚上挖掘地道，花了十七年的時間，終於在成熟時機決定逃出監獄，重獲自由。自由誠可貴，可是故事最吸引人之處是銀行家的信念，我個人長期在書堆中挖掘地道，在某個瞬間發現自己完全掙脫傳統觀念的束縛，頗有從地道回到自由天地的感受。

身體出現異樣，你肯定少做了什麼；身體不在正常狀態，你肯定在日常生活中怠惰了什麼；身體無法正常運作了，你肯定到這一刻還不相信身體才是健康真正的主人。你需要被邀請，邀請來認識自己的身體，而且要一直深入，直到發出讚嘆的那一刻，來自於對身體全然的臣服，而且對於擁有人身全然的珍惜。

身體出現異樣，你肯定少做了什麼；
身體不在正常狀態，你肯定在日常生活中怠惰了什麼。

031

多巴胺

意識的存在屬於人類的優勢，同時也是人類的考題，身為人，我們都在造物所設定的環境中，或者招搖，或者祈求憐憫。人類的感官嚴格說和一般動物沒有太大的差異，唯獨透過意識解讀並且經過論述之後形成定義，當牙醫師或針灸師問「是痛還是麻」時，你必須能清楚分辨何謂痛又何謂麻。處境也經由意識解構而有所謂的好或壞，順境的時候或許呼風喚雨，或許感覺到不可一世，可是你不可能永久處於優勢，因為考題會因應你的態度而出現，也因應造物的遊戲規則而出現。

聽到復發，通常發生在經過治療程序後的一段時間，或者是痛風，或者是關節炎，最常聽到的復發是癌症在化療後的一至兩年。復發有兩種判讀，一種是沒有治好，誤以為好了；另外一種判讀是生病的根源沒有根除，生活習慣都沒有改變。其實兩種判讀都成立，可是真正問題在病人的心態，沒有從中得到教訓是一種說法，回到順境就回到舒適圈是一種說法，沒有痛定思痛應該

是最切中要害的實況。

因果中間一條線，生病的因只要存在，果就遲早要出現，所以是箭在弦上，伺機而動。病源自於意識，因為意識而產生行為和習慣，這就是優勢後面有考題的道理，因為意識而有好惡，因為意識而有情緒，因為意識而產生傲慢，因為意識而陷入憂鬱，因為意識而生重病。喜怒哀樂快速介入神經傳導，血清素和多巴胺加入人類對於順逆的感受，大腦和腸道的連結意外創造出文明重症，功過都和腸道微生物有關。

古人說「樂極生悲」，透過今日科學揭開所有人體世界的真相，人類在欲望和成就的追逐中強力驅動體內快樂荷爾蒙的瀰漫，在只要享受而迴避吃苦的結果，意外累積出更多的病痛。血清素與多巴胺這兩種神經傳導物質的角色分配就預告了人世間的悲歡離合，前者經營穩定，後者尋求刺激，身體試圖在兩造之間整理平衡，唯獨意識無法掌控，人們經常在上癮的追逐中失去身體本有的安定。

多巴胺撰寫的劇本都具備相當的張力，因為尋求刺激而挑戰風險，可以想到高空彈跳，可以想到高速賽車，吸毒更是濫用多巴胺的極端案例。你可曾碰過一生平步青雲的成功企業家？或者少年得志的成功藝人？值得深入的是這些個案的意識領空和心理素質，他們是否謙卑？是否目中無人？是否在私生活中有過度駕馭多巴胺的歷程？回到意識的本質，上蒼早在禍福相倚的規則中規

範你我的行徑。

不曾在逆境中深切反躬自省的人或許輕易把生命交給了巴金森，或者被心理醫師診斷成思覺失調症，嚴重者或許已經精神失常，我不是指所有個案都有傲慢的陰影，真相是長期都有加足多巴胺馬力的紀錄，是時間久了出現現實和幻想分辨不清的恐慌。追究原因，所有解答都在「人定勝天」的意識版圖中，也都在忽視「道法自然」的為所欲為中。

因果中間一條線，生病的因只要存在，果就遲早要出現，所以是箭在弦上，伺機而動。

032

不做的結果

翻轉教育的重要推手葉丙成教授記錄了求學時期耶哥（Yagle）教授的教學心得，有一段是「上課的目的是要教會學生，而非炫耀自己的知識，老師應盡力幫助學生瞭解上課的內容」，還有一段是「教學除了教課程內容外，還應該示範如何活用課程內容來解決實際的問題。這會讓學生覺得他們真正學到有用的東西很有成就感，從而提升學習的動機與自信。」葉教授的《為未來而教》呼應我從事養生教學的理路，觀賞〈聽見歌 再唱〉的過程幾度感動落淚，我們都為未來而教。

我和妻子的休閒活動不再是年輕時的逛百貨或壓馬路，我們相約去電影院把腦袋放空，有時候來點知性感性的心靈填補，有時候也會完全不用腦筋的欣賞商業大片。這一陣子的選項除了〈父親〉之外，就屬這部國產的〈聽見歌 再唱〉。還來不及踏進電影院，就在台東鹿野的進階座談中收到來自郁方的心得分享：「我不知道做了的結果會怎樣，可是我很清楚知道不做的結果會

怎樣。」這句話果真道出自律養生的精神，也說出我們長期和身體互動所收到的心靈補給。

看不懂五線譜的老師可以教唱歌，未曾學過音樂的體育老師可以擔任合唱團指揮，裡面有責無旁貸的毛遂自薦，也有義不容辭的捨我其誰，因為關注點在學校的存廢以及孩子們的未來。即使是重擔，有那麼一刻，你就是知道自己必須把這件事扛下來，因為這是開拓的工作，因為這是未來的工程。老師也有力不從心的時候，那一刻由學生反客為主來激勵老師「教練，上學了」，也許就直接對應到自己工作上的辛勞，那群孩子的純真善良逼出我的淚水，這齣戲的真誠對白數度讓觀眾享受在眼眶濕潤的歡笑中。

看不懂五線譜的老師教唱歌和不懂醫學的人懂養生異曲同工，這究竟是現今社會最欠缺的邏輯思維，我們的教育制度和觀念養成鎖死在落後指標，民間早就埋沒前瞻性的視野。大多數人都在拚業績，大多數人都只顧溫飽，大多數人都在解決病痛，大多數人都甘願被藥物管控，談起健康，又多是來自醫生和營養師的專業論陳腔濫調，多是馬路上人人奉行的專家道聽塗說。我們很誠意的提醒從身體的立場出發，我們很有耐心的告知要給身體不被打擾的機會，學員家屬和親友視我們如毒蛇猛獸的還真不少。

這不就是體育老師求學時期的音樂老師的睥睨眼神？你真行嗎？你會嗎？我的專業你真覺得你學得來？很審慎的分析充斥在民間的錯誤觀念，我們把一群學有專精的人才打造成連彎腰都難的居

高不下，而不學醫的民眾很多直接選擇臣服於醫袍之下，不信任身體，最終也逐漸不認識自己，索性連家人也都疏離了。「回家吧！」是多麼有價值的訴求，「回到家的懷抱」是多麼重要的覺悟，自然是家，天地是家，身體是家，健康是家，身心靈是家，在回家之前，至少先確認已經走在回家的路上。

「回家吧！」是多麼有價值的訴求。「回到家的懷抱」是多麼重要的覺悟，自然是家，天地是家，身體是家，健康是家，身心靈是家。

記得在醫學院上血液學，講課的是林守田醫師，那天講授溶血性貧血，我在聽課過程突然出現一陣喜悅，因為有一種長期無法理解的障礙頓時貫通。還記得當時還很興奮的跟身旁兩位同學分享，這一刻回想當時的領悟，那種領悟的層級很有可能早已牽動這一生的志業。我所領悟到的除了脾臟肩負代謝掉不良血球的重任，還有身體經營這一段自動自發「處理廢物」的本能，四十多年後我以「生物設定」和「身體意識」重點分享尊重身體的養生哲理。

人生一路都在學習，很多道理你懂了還不算真懂，後來可能感覺更加領悟了，人生旅途所有學習過的哲理都在明白領先指標的綱領後，豁然開朗。我們背著書包來到人間，學生一直都是生命旅途中不能割捨的角色，被學生稱呼老師的我把學生視為學習的對象，不是指學生個人的專業，是在養生這條志業道路上，學生都是我的老師。

在一般人的觀點中，進步是一種狀態，我的工作驅使我更進一步深入進步的解構，基本上和我們看待病痛的脈絡一樣，進步的狀態是結果，而進步必須是一種心態。領先指標無法從概念的角度領悟，那畢竟只是平面的圖案，從生活面向以及心智面融合領先指標綱領之後，在無法理解的人身上，我領悟指標的教育章程。

簡單說，早已卸下學生身分的人不容易領悟領先指標的意境，他們的腦袋中充斥著落後指標的柵欄。不再學習當然是個人的選擇，不願意進步當然可以是個人自由的抉擇，可是多少人是在完全不經由思考及選擇的流程就把自己安置在停滯的狀態，有點類似被退步的浪潮吸附的局面。最可悲的情況是當這些人在職場中坐擁高位，最糟糕的事情是當這些人的生活背景早已坐擁金山銀山，最慘的局面是當這些人在政治領域或社會結構中擁有權位。嚴格說，落後指標已經是一種環境現實，它可能就是我們每天所接觸的環境，它就是我們一直無法突破困境的監牢。

學校老師透由考試檢視學生的學習成效，考試成績可以是個人績效，也可以是團體績效，或者有機會成為老師的面子績效。養生屬於個人修為，是自己和身體之間對話的實體驗證，是自己和自己之間對話的真實演練，養生路必須有時間的軌跡，必須委由時間來裁決，時間將清楚看到領先指標或者是落後指標的刻痕。在領先指標的路程中，面子程式無法正常運轉，對價模式無法正常運作，觀察一隻小螞蟻搬運食物爬牆就懂何謂領先指標，接著看到另外一群螞蟻前來協助搬運食物垂直爬牆，就更能理解何謂指

標思維了。

領先指標和落後指標永遠不可能相容，不是前者變成後者，就是後者願意搖身一變成為進步的崇尚者。

多少人是在完全不經由思考及選擇的流程就把自己安置在停滯的狀態，有點類似被退步的浪潮吸附的局面。

034

和自己相遇

生命很殘酷嗎？有些時候是的，生命很現實嗎？一度我們都會這樣反應。

生命不現實，它很真實，它很寫實的撰述我們是如何看待自己的存在。

每一個行為後面都有其動機，為何而做？做的目的何在？

動機的故事都千真萬確，為何而做完整呈現你是否真正擁抱自己的存在。

不管你是否願意承認，最高意識都詳實記錄你的動機型態，是愛自己而產生的動機，或是不知道自己是誰而衍生的各種動機。

面子是一種普遍存在的動機模式，那是因為要做給別人看而產生的動機，那是無法拒絕而被迫履行的動機。

面子經常是一種不被當事人承認的動機，因為要面子，所以不能承認，也不方便承認。

驗證動機模式最好的機會是觀察善後的態度，事情的結果不如預

期，需要承擔的時候，是否留下來勇敢面對。

避不見面的大有人在，已讀不回稀鬆平常，完全不讀也不接電話就清楚是否具備負責任的承擔。

要知道，面子不是你，你不是面子，不是只有錢是身外之物，面子也是。

換個角度看面子，不小心看到一種很熟悉的樣貌，那種叫做身段的架式。

從名片可以看到身段，從排場可以看到身段，從言談可以看到身段，從學習態度可以看到身段。

如果人生而平等，那麼，身段是什麼東西？面子又是什麼東西？

回想自己所做的每一件事，有多少比例是做給別人看的？有多少比例是為別人而做的？

每一件事情都和報酬有關，每一個行為都連結到自己的好處，你所做的事情都不是為自己而做。

還在疑惑的同時，想起每一則被資遣，或者被迫貼白布條走上街頭的個案，你就明白了。

生命很寫實，或者就是你所認知的現實，總是為別人而做的結果，會有那麼一刻，你被迫思考自己到底要什麼。

沒錯，那是環境的現實，我們被迫停留在只有眼前利益的視窗，在商場中熟練交換條件，在情場中熟悉掩飾自己的醜陋。

現實終究不是真實，生命的存在有其最根本的定義，自己是誰，自己要什麼，自己為何存在，自己最終要留下什麼。

現在沒空思考這些的你，也許就不再有機會思考人生最重要的議題。

你可能位高權重，你可能忙著賺錢還債，你可能家中有老的和小的要照顧。

這些可能都不是身段，可能也都不是面子，唯獨可以確定都不是裡子。

頭銜不在的時候，你是什麼？發現自己的價值可能瞬間蒸發的時候，你是什麼？當你對旁人唯唯諾諾的時候，當旁人對你磕頭作揖的時候，彼此是真心臣服？還是虛應故事？

自己，很容易接受的概念，卻是極度遙遠的存在。

還沒找到自己的你，會有面對考驗的那一刻，你懦弱了，你退縮了，你逃避了。

那時候的你並不知道你一直都不是你自己，你演的一直都只是別人希望你演出的樣貌，你所做的只是顯現自己很有本事的角色，不是真實的自己。

堅強並不容易定義，我們都曾經脆弱，也曾經懦弱，可是脆弱可以繼續改造，唯獨懦弱必須即時停損。

和自己相遇不是必然，也不會是偶然，那是一段學習和成長的旅程。

遇見自己不是生命的奇蹟，那是被祝福的人生，那是有價值的生命旅程。

堅強會出現，希望會出現，可以為世界盡一份心力的人生出現了。

和身體相遇之後和自己相遇，和自己相遇之後和身體相遇，殊途同歸，相遇之後記得擁抱，否則半途而廢，殊是可惜。

和自己相遇不是必然，也不會是偶然，
那是一段學習和成長的旅程。

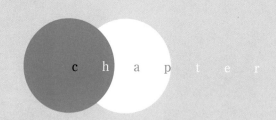

chapter

第四章

囚禁效應

（腦垢之一）

「傾聽的能力跟細讀的能力一樣，不常練習就會退步。如果你聽人說話時如同瀏覽名人八卦網站的標題一樣漫不經心，你就發掘不了人內在的感性和智慧。愛你或可能愛你的人，也無法從你那裡得到他們最渴望的禮物。」

—— 《你都沒在聽》／凱特・墨菲

良知

你為何每天量體重？量體重這個動作在驗證什麼？量體重和量體重之間，你做了什麼？深入靠量體重尋找安全感的內心世界，做了違背自己良知的行為是真相，和體重機的數字對話的是自己的良知，良知存在自己設定的安全範圍。是什麼行為驅動你進行量體重，當然是吃，其實潛意識一直發出吃太多的警語，其實良知早就顯現它的焦躁不安，值得深入探討的是吃的行徑為何總是欲罷不能？

你希望自己維持五十公斤，為何現在的數值是六十，這中間的十公斤是自我放縱？還是不知不覺形成？或者是眼睜睜的視而不見？如果良知的聲音一直都在，那麼良知的踱步聲一定經常很急促，良知的狀態應該早已疲憊不堪。如果吃導致良知不安，吃什麼導致良知不安？怎麼吃導致良知不安？如果這些因素都在，良知所關注的是失控的幅度，良知希望的一定是謹守分寸，良知的視野只有貪婪的承受，我們或許太關注體重機上面的數字，而良

知卻只在乎自我放任的頻率。

你為何每天量血糖？量血糖這個動作在驗證什麼？量血糖和量血糖之間，你做了什麼？你也許認為身體控制血糖的能力出現了瑕疵，量測血糖的目的在確定身體的能力恢復了？還是確定藥物控制血糖的效果？潛意識對於身體恢復正常有所期望，可是大腦偏偏輸送希望不大的訊號。和量體重一樣，和血糖機上方的數字對話的一定是良知，為何良知的訊息不再明確，因為大腦早已篡位，因為大腦在接受生病事實之後就不再理會良知的聲音，大腦強力主導血糖數值的重要價值。

相信體重終究要回歸正常，我們就沒有量測的必要，量測的動機來自於不確定，量測的背後有來自良知所不滿的失控行為。相信血糖終究要回歸正常，就沒有量測的必要，身體終究會把任務完成，量測的動機來自於對身體不信任。為何大腦和良知對於身體不再信任？或者是良知不再信任大腦了？還是大腦不想再聽命於良知了？繼續問自己一個很簡單的問題，每天量測血糖的行為很自由嗎？被數字綁架很歡喜嗎？如果良知有自在雲遊的本能，它被什麼東西所蒙蔽了？

良知呼應自由，良知崇尚身體大自然的無窮無盡，良知一直希望我們能夠在身為人的天賦展現中生存，良知有無限提存人類意志力的潛能。人類是聰明反被聰明誤的高手，人類詆毀了良知的存在而不自知，人類摧毀了身體的力量而不承認，在要求糖尿病患

者每天量測血糖的行為中，患者除了無知和無明，除了數字和藥物，除了擔心和恐懼，不存在其他的念頭。思想讓人興盛，思想也讓人敗亡，當人類的意識遠離了良知，遠離了身心，疾病不是趁虛而入，就是坐享其成。

每天要吃好多次的精緻熟食，身體的忙碌只有良知有感，我們多少不安，因為良知會敲門。必須仰賴量測來告訴良知，必須靠量測來回應良知起碼還對得起自己。

每天要吃好多次的精緻熟食，身體的忙碌只有良知有感，
我們多少不安，因為良知會敲門。

感受到自己不如人家是在我上大學之後，由於是國內最高學府，同學幾乎都是來自各校的菁英，我在適應台北生活的同時，還得同時適應周圍一群比我還要優秀的同學。這種感受源自於一種從小被灌輸的心理素質，與其說是比較，不如說是分別還比較適當。我和你不一樣，這是很基本的分別，至於我和你誰比較厲害就是不同層次的分別，可以理解的是有些分別原始就存在，有些分別則是創造出來的。

分別是疾病的源起，這是多麼重大的覺悟，這麼重要的領悟居然從懂事後延宕了四十年才降臨。分別的另外一種面向就是輸贏，有些環境的本質如此，置身其中就一直扮演輸贏的一分子，在回想這種價值觀教育時，我總是會感受到一陣涼意，稍不小心，一生很可能會毀在這種離譜的教育方式之下。贏別人要證明什麼？多麼希望小時候有機會可以問父母親這個問題，可是繼續想想，這種責難對於當年的父母親還真是強人所難，所有人不都是透過

眼睛看，哪有人懂得用心看呢？

分別是一種意識，是看事情的角度，分別下去除了輸贏以外，就是爭個你死我活的是非對錯，針對見解的不相同，針對意見的不認同。很簡單的分別意識卻勾引出複雜的人際關係，愛恨情仇都參與在人與人之間的互動相處中，說它複雜是因為進入了心理層級，在每一因此而產生情緒的個體中滋生錯綜複雜的內分泌和神經傳導。這就是人生，這就是充斥在人類世界中的正常脈動，我們不曾留意的部分是它製造出疼痛，直白的說，分別加速了死亡的降臨。

不快樂源自於分別，想法不一樣，意見不相同，立場相衝突，頻率不相容，很在意別人看法引燃了生理的病痛。舉背叛為例，其實只是很單純的另謀高就，這種行為在原始雇主方經常以叛變來解讀，永不錄用事小，終身結仇事大。雙方所在意的點不同，這和我們生長在不同的家庭背景異曲同工，本來就不相同的事情卻被解讀成可能造成黑道大火拚式的鬥爭。愛與恨可以如此的貼近，可能只是一個事件的不歡喜，可能只是一句話的不投機，雙方都可能寫下沒有真相的病痛。

分別最可怕之處不是和他人之間的分別，是與自己之間的隔離。觀察疾病生態幾十年，清楚這是一種集體迷失，迷失的癥結在遠離自己的身體，也就是和自己的身體分離。在一般人的概念中，身體是身體，生病是生病，大家都忽略人體是身心靈三者的平

衡，硬是活生生的把身體和心靈切割開，硬是要把自己裝扮成不是真正的自己。分別除了離間了人與人之間的關係，也離間了自己和自己之間的關係，我們不認識自己，也不愛自己，我們甚至和自己對立，甚至和自己論輸贏。

養生的根基在和自己的關係，和自己維持好關係是長壽的地基，所有人際關係中最重要的是往內看的關係。

‖ 分別是疾病的源起，這是多麼重大的覺悟。

037

當家

人們覺得自己胖了，第一個反射性的念頭一定是「該減肥了」。

相信每個人一生中都有數十回的減肥念頭，也許是數百回。

必須致上最高敬意，永遠搞不清楚減重的核心，很不簡單。

減重念頭從腦袋發出，本來就是這麼回事，減重計畫當然是由腦袋來操控。

問題是一直要減重，就代表這件事存在本質上的問題。

腦袋決定要減重，唯獨身體不從，這是減重者最大的迷失。

請先認同這是迷失，然後放大到身體出現症候時的就診念頭。

把自己的身體帶往醫院是腦袋的決定，面對醫生是兩個人腦袋與腦袋之間的協議。

永遠搞不清楚醫病關係之間的認知錯置，一樣很不簡單。

醫生的每一句話都得不到身體的認同，從領藥到開始服藥，身體從來都不附議。

身體不解的地方在症狀被過度解讀，身體永遠無法釋懷的地方是

症狀要被控制。

腦袋決定吃藥，身體完全不解，沒有意義的處置是就醫最大的迷失。

寫過簽呈的人都知道公文流程，送到最高主管處簽核後方可執行。

處長也好，總經理也好，執行長也好，師長也好，簽核公文他們的職位就是當家。

如果你是有名無實的當家，底下的人就會擅自作主，部屬就會先斬後奏。

人的一生會存在一種似真似假的困境，不知道自己要幹嘛，不知道自己能幹嘛。

真正的困境在自己的定義，腦袋終其一生搶奪當家扮演自己的角色，活在困境中。

自己是靈魂、心智和身體的組合，腦袋只是認清自己角色的工具。

腦袋既然不能代表自己，自己應該有權利檢討腦袋的所有行徑。

腦袋當家的生命旅程中，做了哪些不尊重自己的決定？養成了哪些不愛惜自己的習慣？

肚子餓了吃沒問題，肚子不餓吃就是問題，讓時間決定吃是問題。

嚴格說肚子餓也是問題，肚子餓得離譜有問題，這是當家換位的問題。

食物不缺造成當家換位，讓時間決定吃造成當家換位，當家不是自己，決定吃也不是自己。

真相是自己不是自己，自己不是自己的結果，就是頻頻減重和吃藥的需求。

自己不是自己，所有行為都被動順從，決定權都交給誤以為是自己的腦袋。

腦袋的決定一旦不是自己的意思，就是別人的意思。

吃三餐是別人的意思，吃藥是別人的意思，減重也是別人的意思。

吃藥止痛不足為奇，吃藥減肥也合理化，吃藥治病也理所當然。

每天吃三餐，越吃越堆積，每天按時吃藥，越吃越依賴。

減肥從腦袋發出指令，目標達到就停止，那是腦袋減肥，不是身體減肥。

從換位到錯位，這是人類世界中最普遍的離家現象。

心智換位，為眼前利益著想，為取悅他人行事，為滿足個人欲望不惜傷害他人權益。

靈魂易位，忘了自己是誰，忘了自己所為何來，忘了自己生命旅途所經歷的角色。

身體錯位，每一個訊息都被解讀成異常，每一種症候都被解釋成病痛。

身體無法自主就甭想減肥，身體無法平衡就甭想要健康，身體不是身體當然預言失控。

靈魂有家，心智顧家，身體是家，健康的基礎在自己的家。
當家的角色錯了，家不是家，自己不是自己，健康不是健康。

腦袋既然不能代表自己，
自己應該有權利檢討腦袋的所有行徑。

038

認果為因

認真工作的人很多，努力賺錢養家的人不少，工作對很多人來說就是工作，賺錢對不少人來說就是生活的全部。職業倦怠不是什麼新名詞，很多人在工作做不下去的時候才有機會思考工作的意義，或者是工作所帶來的價值。為了賺錢而找到一份工作，當事人多半用開始來看待這份新工作，那畢竟就是一個全新的開始，可是這份工作這個時候出現在生命中並不是開始，而是結果，因為必須要賺錢是動機而出現的工作就是結果。

你一定聽過英國一位村姑去參加歌唱比賽而改變命運的故事，類似的故事即使很多，真相是多數人的天賦一輩子被冷凍，如果天賦可以和工作結合，工作所顯現的價值就不會相同。甚至有可能，很多人終其一生不清楚自己的天賦何在，有可能被環境引導至主觀認定自己沒有才華，類似的念頭延伸至必須要工作才能生活的所有人。把結果當成原因是一種現象，積習成俗的後果就是所有人都不清楚為何要做現在正在忙的事情，因為原因早已不存

在，因為原因是必須要賺錢。

生病和必須要賺錢都是結果，治療和找到工作都是因應結果而出現的結果。

所有到醫院去就醫的人所在意的是結果還是原因，答案是結果；因為沒有原因，也沒有必要知道原因，因為結果就是原因，因為生病了就是原因。所以當癌症確診，接下來就是得接受治療，治療就一律是醫療的那些論述和流程，醫生和病人都只關注在結果，家屬和朋友送來一堆補給品和保養品都在關注結果，沒有人願意花一點時間關注原因。癌症復發的劇情之所以發生，就是在結果的世界繞了一大圈之後又回到原點，基本上從頭就一直在原地踏步，想到生活作息應該要改變的病患也很少真正回歸到原點。

就當我們思考到生活作息才是基本面的時候，這又是另外一種面向的結果論，生活被視為基本面還存在更遠的遠因，因為我們總是忽略為什麼要生活，因為我們都誤以為身體存在所以要吃，就好比要生活所以需要出去賺錢。整體思考必須回到生命之所以存在，也就是生命的存在價值，換句話說就是身體和生命之所以共同存在的本質。養生的研討脫離不了生物設定的主題，身體和晝夜節律之間的微妙關係何在，免疫系統和腸道微生物群的互動關係何在，情緒壓力和神經系統以及免疫系統之間糾纏不清的關係又何在。

為什麼在母體內的胎兒不能提早形成完整的免疫系統，因為母體和胎兒之間還有聯繫管道，因為母體不含胎兒，因為胎兒和母體屬於不同的個體。胎兒具備基礎的免疫結構，屬於胎兒自身的保護機制，可是胎兒的免疫系統必須經由母體產道菌和母乳菌的滋潤而開始發育，所謂的發育包括針對各式細菌病毒的辨識和防衛。我們必須從這個基礎去思考生命的原始力量，生物設定的範疇可以小至生物體和細菌之間的關係，大至生物體自主辨識和處置狀況的能耐。

把治療的權責交給外力就是對身體能力的輕視，讓必須要賺錢和存錢的概念盤據就是對生命本質的誤判，當你用對錯來解讀這些觀點的同時，再想想「生命無限可能，身體無所不能」的提醒，繼續想想總是「理所當然」的大腦世界，當你想通我們長期把結果當成原因的主觀時，或許才是重生的開始。

把結果當成原因是一種現象，積習成俗的後果就是所有人都不清楚為何要做現在正在忙的事情。

偶爾在媒體資訊中聽到「延誤治療」的指控，被指控的對象可能是銷售偏方的人，可能是密醫，可能是銷售特殊營養品的家屬。「延誤治療」聽起來是很嚴厲的罪責，我們在醫療至上的規矩中睥睨所有非醫療的類醫療行為。身為民眾的一員，身為在傳統醫療觀教育下成長的一員，我們一概接受這種標準，因為治療一直被定義成醫療的專責。去接受治療吧，這是一種社會普遍的價值，趕快去看醫生吧，這是身體發出異常訊號所必須承受的無常。

這就是視窗，也可解讀成價值體系，時間久了，積習成俗了，成為一種是非對錯的準則。現今社會的價值認定中，被界定在成功者的一定有豐厚的銀行存款，被界定懂健康的一定有醫療相關背景，現實生活中的諸多案例都提醒我們生命的價值何在，可是大環境的價值傾向依然吸附在財富和權位的強大漩渦中。十層樓的景觀不同於五層樓，也不同於五十層樓，我們在十樓評論五樓的

視角，至於五十樓的視野就由別人來轉述，可是我們同時也聽到五樓對於五十樓的想像描述。

轉動不了的腦袋居然是一種現象，習慣在群眾效應中扮演浮萍，說出自己的主見居然都是轉述再轉述，這就是今天媒體所放送的行車紀錄器和監視器現象。

話題回到延誤治療，每當生病當事人沒有主見，關於治療的所有意見都不能代表當事人身體的意見，認定延誤治療的視角才是真正延誤治療的觸角。治療是多麼難以詮釋的行為，這個名稱屬於醫療的視角，可是從身體的立場，治療隨時都在發生，治療隨時都在進行，身體的療癒工程從不停歇。

有沒有發現，我們都是延誤治療的高手，除了放任自己多吃，也放任自己少睡，我們放任自己荼毒身體，我們砲轟身體的治療基地，我們摧毀身體的療癒能力。就當身體提出嚴重抗議時，身體所指望的是歸還空間和時間，同時歸還生命和能量，我們則擅長對身體提出反制，除了不理會身體的需求，還無情的輸送化學藥品，要身體束手就範，不再發表任何意見。所以，是誰延誤治療了？一個生病的人身旁可能有十多位延誤治療的推手，最後連當事人都主動加入延誤治療的陣營。

就是這一刻，就在此刻，停止延誤治療的舉動，停止延誤治療的行徑，停止所有延誤身體療癒的行為。治療在這一刻進行著，延誤治療也在這一刻發生著，就是這一刻，不是發病的那一刻才需

要治療，不是發病的那一刻才有延誤治療的發生。

觀照自己的身體就明白治療的真諦，體恤自己的身體就理解治療的運作，珍惜自己的身體就擁有治療的能力，還原身體的療癒力是養生的必然程序和成果，這些力量就在我們身上，是身體原始就具備的天賦。

觀照自己的身體就明白治療的真諦，
體恤自己的身體就理解治療的運作。

聽到「停藥」，第一時間的反應是正面還是負面？我們會主觀認定是「擅自停藥」或是「康復而停藥」？我們想到的是風險還是即刻的祝福？被告知「不能停藥」幾乎是每一位慢性病患者的認知，在記憶深處卻隱藏著極度的恐懼和不安，有點類似「既期待又怕受傷害」的描述。從身體的立場，從身體的角度，從最渴望停藥的源頭，客觀評估開立處方和接受處方的兩造雙方，赫然發現沒有加害者的存在，因為兩種角色都是被害者。

「疾病行銷」曾經刻意，如今已然是不需要行銷的恐懼印象，慢性病的恐懼早已烙印在民眾的心裡面，問題是大家都不知道該如何防範，只能和生命豪賭，賭輸了就接受終身吃藥的安排。這件事複雜的程度已經無法三言兩語說清楚，或許精讀了好幾本相關著作還是一頭霧水，從思考到行為，整體社會面的呈現完全脫離造物的原始設定，不但違逆大自然的法則，人類一直沾沾自喜於進步與成就，完全無視於眼前疾病生產線的興盛，每個人都甘願

成為傲慢產業的白老鼠。

不管你有沒有生病，不管你是真有病還是根本沒病，也不管家人怎麼說或醫生怎麼說，有一個最關鍵的聲音很少被重視，是身體怎麼說。很多人選擇聽家人的，結論很可能就是聽醫生的，幾乎都指示要吃藥，但多數意見是來自於不瞭解身體而存在的思維，而真正承受藥物荼毒的不是他們，是被告知應該吃藥者的身體。在急症救命的空間之外，很多藥物不能碰，藥物也不應該碰，希望你在某個生命階段能體會到這個事實真相，西藥根本就是人類商法中最目中無人的產物。

療癒是身體的工作，藥物鮮少在療癒工程中扮演關鍵角色，藥物所做的和療癒無關，不少藥物的運作甚至干預到療癒的進行，導致療癒力失能。藥物副作用所引發的病症早已罄竹難書，有吃藥導致糖尿病的，有吃藥導致中風的，有吃藥導致恍神昏迷的，有吃藥導致胃潰瘍的，有吃藥導致腸道蠕動困難的。翻開早期的醫療史，有孕婦吃藥導致新生兒四肢殘缺的，有孕婦吃藥導致幼兒早發性癌症的，追蹤西藥的歷史，哪一種慢性病最終的死亡和藥物效應無關？

不吃藥不行是誰說的？從醫生的主張到病人的堅持，從病人的恐懼到家屬的恐慌，從一個人的行為到全家人的集體意識，從製藥邏輯到全民意識，我們常常生活在顛倒是非的價值體系中。因此停藥不被允准，停藥不是理智行為，停藥造成家屬恐慌，萬一停

藥是當事人的堅持，萬一當事人收到身體肯定的指令，萬一當事人在持續和身體對話之後興起停藥的念頭，這些萬一在民間意識中存在一萬個不可以，這些萬一在進步的文明中居然是一種可能致命的風險。

話題就在風險的陳述中終結，風險的確存在，風險從何而來，風險其實不在停藥的決定中，風險在製藥的起心動念中，風險在醫療處方違逆身體意識的執著中，風險在民眾不求甚解的理所當然中。停藥的風險不在停藥，在吃藥，停藥的風險不在這一刻，在決定就醫的那一刻。

療癒是身體的工作，
藥物鮮少在療癒工程中扮演關鍵角色。

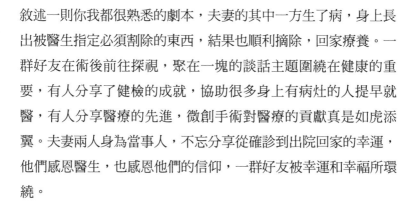

敘述一則你我都很熟悉的劇本，夫妻的其中一方生了病，身上長出被醫生指定必須割除的東西，結果也順利摘除，回家療養。一群好友在術後前往探視，聚在一塊的談話主題圍繞在健康的重要，有人分享了健檢的成就，協助很多身上有病灶的人提早就醫，有人分享醫療的先進，微創手術對醫療的貢獻真是如虎添翼。夫妻兩人身為當事人，不忘分享從確診到出院回家的幸運，他們感恩醫生，也感恩他們的信仰，一群好友被幸運和幸福所環繞。

故事講完了，不，這一齣戲在這一刻暫時圓滿，可是五年後的劇本如出一轍，五年前被醫生摘除的東西又長出來了。再次確診，當事人當然毫無懸念的進入正常療程，唯獨醫生表示這次的位置有點尷尬，切除手術的執行比起上次要來得艱難。朋友們再度進入關注和陪同的程序，大家都很習慣扮演事後諸葛，對於身體的異樣沒有太多論述，趕快救人命是重點，申請保險理賠是焦點，

術後的營養補給是朋友們能提供的最大誠意。

回到五年前的慶幸，對於醫生再造之恩感激涕零，對於醫療的貢獻全然臣服，人性的光輝在這套劇本中缺了一角。社會極度欠缺身體學分教育的結果就展現在類似劇本中，醫生在故事中被過度神化，罹病的當事人完全不知道真正應該感恩的對象是自己的身體。病灶其實是一種提醒，身體呈現異樣其實是一種警告，病灶惡化是因為不清楚問題所在，病情不容易扭轉是因為對於身體的努力全然漠視。

由於病灶的發生源自於身體的失衡，身體的失衡則源自於生活作息的紊亂，身體的立場從來都不是認知中的一環，身體才是療癒的核心也從來不是思考的內容。由於對醫療五體投地，由於對醫生感恩戴德，對於身體出現異樣的善後充滿信心，對於不健康的發生也就不必在意，對於身體的殘害也就繼續進行。復發為何變成常態，醫療不需要面對真正原因所在，因為醫療本來就是負責處理發生之後的部分，醫療一直都是善後處置的高手。

如果健康就剩下兩個大方向可以選擇，你是否已經看清楚聚焦的方向？這個方向有無窮無盡的寶藏可以發掘，它的特色是存在，不是創造，不是發明，不是科技，不是人類意識所開發出來的專技。人類此刻的危機就在欠缺身體學分，並非沒有被提醒和關注，是微不足道，是大腦創意夾帶了傲慢自大，是意識領空夾帶了利益競逐，獨家和專利的爭取不小心讓人類掉入萬劫不復的深

淵。我的身體不是獨家，你的身體沒有專利，我們的身體都一樣優秀，只是被尊重和疼惜的程度不同。

感恩是一種美德，可是對於健康的獲得需要從練就對自己身體感恩開始，感恩協助你解毒的一方，不是感恩不斷運毒進入你身體的一方。

病灶的發生源自於身體的失衡，
身體的失衡則源自於生活作息的紊亂。

在颱風登陸的前一天，民眾一窩蜂擠到超市大賣場把所有食物一掃而空。

在確定病毒感染大流行而且即將封城，民眾把市場上所有日常生活用品買光。

沒有發生戰亂，酷似戰爭即將發生，是人類與大自然的戰爭。

看似非常時期，看似非常行徑，可是這一切都是結果，是非常行徑的結果。

決定和大自然對抗的第一時間，早已預言後面的結果。

不完全是結果，比較正確的說法是後果。

美國學者在半世紀前點名動物性脂肪是心臟病元凶，帶動稻米小麥的擴大種植。

全球營養學者接力為澱粉主食強力背書，種下精緻澱粉與內分泌的糾纏不清。

接著有食物大量儲存的問題，所以有稻米小麥去除營養成分的程

序。

所謂主食，每餐都要吃，吃了會飽，飽了會餓，餓了繼續吃。

食物無罪，食客也無罪，問題是食客的身體承受了莫名的結果。

不完全是結果，比較正確的說法是後果。

亞歷山大・弗萊明（Alexander Fleming）意外發現青黴素，真菌抑制細菌生長的能力意外被人類捕捉到。

抗生素的研發從最陽春的製造發展到全面性研發，目標無限擴張的細菌抗藥性。

一代又一代，一種接另一種，一家藥廠超越另外一家藥廠。

病毒版本換成疫苗，疫苗的製成趕不及病毒的變種，打流感疫苗後感染突變病毒。

人類絕對不會服輸，病毒怎麼突變，疫苗就怎麼應變，結果處於上風還是病毒。

不完全是結果，比較正確的說法是後果。

富蘭克林發明電，愛迪生發明電燈，兩大發明促進了文明，建設了不夜城。

電是我們生活的一大部分，照明是我們生活的重要依靠。

在說不完的便利和幸福感中，人類大膽的挑戰晝夜節律，有人必須日夜顛倒生活。

夜間工作的人多了，值大夜班的人多了，內分泌錯亂的人更多了。

號稱可以勝天是人，宣稱可以不睡覺是人，結果因此而生病的也

是人。

不完全是結果，比較正確的說法是後果。

生火加熱讓食物更美味，把食物煮熟從非必須到絕對必須，人類忘掉食物的原貌。

烹調越加精緻，廚藝更加細緻，食物加工更加多樣，人們的口欲越加挑剔。

進入食物不缺的文明世紀，也進入人類身體被食物重度摧殘的時代。

人類開始講究飽足，人類開始重視飢餓感的滿足，人體進入胰島素失控的富足。

高胰島素始料未及成為所有重症的推手，結果熟食成為讓身體提早老化的凶手。

不完全是結果，比較正確的說法是後果。

決定和大自然對抗的第一時間，早已預言後面的結果。

晝夜節律是大自然，食物原貌是大自然，免疫力是大自然，身體是大自然。

不完全是結果，比較正確的說法是後果。

我們預期結果，不預期後果，後果記載著不好的結果。

晝夜節律是大自然，食物原貌是大自然，
免疫力是大自然，身體是大自然。

「我還有多少時間？」、「我還能活多久？」

「我的人生應該時日不多了！」

來自一位八十五歲老人的自我對話，這些對話內容不時都會發生——如果他待在養老院，如果他身上帶著重症，如果他孤伶伶一個人，如果他覺得早已被社會遺棄。

艾希頓・亞普懷特（Ashton Applewhite）是美國著名的社會觀察家，她的部落格「這把搖椅很酷」（This Chair Rocks）和「唷，這是不是年齡歧視？」（Yo, Is This Ageist？）都擁有廣大的讀者群。摘錄她的著作《年齡歧視》（*The Chair Rocks*）內的一句話：「將衰退歸咎於年齡而非疾病，使熟齡者擺脫不了虛弱的負面刻板印象。」我們都是怎麼看待「衰老」的？光是中文這個形容詞就把「衰退」和「老邁」串接在一起，當刻板印象變成一種集體共識，提起「老態」後面就很自然的接上「龍鍾」。

解讀「年輕」，出現兩種完全不對等的意境，一種是實質的年輕，一種是看起來年輕。年紀無法造假，從細胞記憶的角度，從細胞分裂次數的紀錄，身體非常詳實的記載時間的刻痕，不年輕就無法假裝年輕。可是健康就完全不是呼應時間而存在的紀錄，年輕和健康之間沒有等號，年老和不健康也不是絕對的對應。時間撰寫著老化，也撰寫著退化，相同的時間長度，你有機會持續在爬升，也有可能持續下滑，端看你如何看待時間，端看你是善用時間，還是蹉跎時間。

三十歲的你要如何看待未來六十歲的你，甚至是八十歲的你？把一般的刻板印象置入思考，很容易就聽到「我不一定想活那麼久」的回應，直接預言年老和病痛，或者直接把老年和皺紋、醜陋、駝背、行動不便和病痛纏身做出連結。這是一種極度反常的意識型態，它存在根本的認知錯誤，這是一種大染缸現象，置入汙染源的就是帶領群眾遠離身體的一些單位，小自一家診所，大至政府的為虎作倀。

失智症為何成為全球趨勢，因為大家都預言自己遲早將失智，因為從年輕就看到自己老年後的樣貌，因為人類無意中啟動了失智列車，養成邁向失智的生活習慣。生病是一種認知，老年生病是一種印象，老了不中用是一種社會共識，形成大家都害怕老，從心裡抗拒老年的降臨。失智風暴已經形成，不只是醫院的需求量增加，養老院的需求量也增加，國家照顧老年的預算也增加，嚴格說人類的商法促成了失智風暴，也在失智風暴的暴風圈中繼續

營利，營利者也繼續失去記憶。

老而不衰不是夢想，老而沒病不是夢境，請即時更換養生視窗，請即時移除仰賴醫療的需求。從外求換成內尋，從知道換成做到，從被動換成主動，從多換成少，從擁有換成施捨，從飽腹換成空腹，從三餐換成一餐，從腦袋的欲求換成身體的需求。

生病是一種認知，老年生病是一種印象，老了不中用是一種社會共識，形成大家都害怕老，從心裡抗拒老年的降臨。

長壽是靈性的依歸，這是元神進入更高境界的希望寄託，一旦明白生命的真實意義，長壽必須是身為人努力經營的目標。

看到百歲人瑞，對於這位前輩如何高壽必然有所好奇，可是看到對方的皮膚和牙齒和年輕不能同日而語，對於是否應該要長壽出現短暫的狐疑。

潛意識對於長壽是否憧憬，嘴巴說的不算數，畢竟口述不能代表內心世界真實的聲音，即使非刻意說謊，人說的話和心裡的話可以南轅北轍的差異。

「活那麼長幹嘛？」聽起來一定不陌生，很可能就是你的思考定論，很可能是你最熟悉的生命藍圖，反正越老就越醜，反正活得越長就越多病痛。

有點像是想要又不好意思說的生活面向，有點類似貪婪者以謙虛呈現，對於長壽極度盼望，深知所作所為對健康不利，深知習慣和長壽互相違背。

在我接觸的人際中，對於健康有信心的極少數，對於長壽正面期待的更是區區可數，在現代人的價值體系中，負面表列的事項多到侵犯原始存在的正面思考。

觀察到一種環境所塑造出來的心理素質，健康變成只是一種想像，長壽變成一種假象，猝死案件一件一件出現在眼前，重症倒下去的案件也是不斷的翻新，民眾的心理素質中找不到正念的足跡。

很多人願意安排時間出門去運動，在清晨所看到的公園人群中，在傍晚所看到的運動場活動人群中，繼續深入這群人的內心世界，不少人試圖透過運動降低自己對於生病的惶恐不安，不少人願意透過製造多巴胺爭取多一點遠離疾病的機會。

害怕長壽形成一種主觀意識，在科技發達和醫療技術大躍進的今天，我們有責任深思問題的根源，自我認識不清是真相，現代人不愛自己，不知道如何愛自己。

我們誤以為愛自己，可是行為上一直殘害自己，因為吃精緻食物不是我們的行為，是食物的行為，因為吃藥不是我們的行為，是藥物的行為。

被食物控制，被藥物控制，被添加物控制，被化學反應控制。

被時間控制，被欲望控制，被專家控制，被傳媒控制。

不愛自己很嚴苛，不愛自己很衝突，不愛自己很掙扎。

否定長壽價值的人不愛自己，暗示自己不會長壽的人不愛自己，

不斷宣稱沒有必要活得太長的人就是最不愛自己的人。

請回歸生命初衷，長壽是責任，長壽是態度，長壽是對生命價值負責任的態度。

長壽的大前提是健康，健康的大前提是積極養生，積極養生的大前提是愛自己。

自己是靈性，自己是身心靈的整合，自己是大自然的一部分。

人有人的角色，愛自己也愛他人是身為人的基本態度。

長壽的大前提是健康，健康的大前提是積極養生，
積極養生的大前提是愛自己。

人一生都依伴著時間的齒輪，時間總是硬生生的一秒一秒消失，時間就是一天又一天的過去，時間都是一年又一年的逝去。時間夠不夠是生活中的警訊，有沒有時間是生活中的狀態，時間有所限制是生活中的常態，時間在壽命的軌道中逐漸在壓縮是生命的必然。有點常識之後，熟悉人世間的常規之後，完全適應社會大染缸的碰撞之後，我們的潛意識無條件接受無常的教導，無常教育我們時間可以隨時被收走，無常提示我們生命可能隨時被沒收。

認定生病歸屬於無常的管轄，這是不少人唉聲嘆氣中的怨言，抱怨生命不盡公平是罹患重病者心中的憤怒，沒辦法自由自在的生活是慢性病纏身者對於無常的抗議。生命定調或許存在太多無情的宣判，生命定調或許真有我們無法掌控的因果，可是在生命被賦予的遊戲規則中，生命的價值或層次可以掌控在自己手上，生命的長度和深度都可以在利他的版圖中拓展，同時接受無常嚴苛

的考驗。

健康的初始是存在，意思是健康是正常的狀態，生物體具備維繫健康的本能，生物體擁有調整體內生態平衡的能力。將身體處於健康狀態視為一種常態，就身體的立場同時存在責任的設定，也就是身體不會無端對自己進行破壞，無常的運作和身體維繫健康的職責屬於獨立狀態，硬把不健康推給無常是個人養生修持的偏差。干擾健康的因素很多，認知和觀點當然占了很大比重，針對健康缺乏責任養成也占了不小的比例，通常從無法同理身體開始發展，長大後加速和身體漸行漸遠。

為何人們會把不健康的狀態歸咎在無常的干預，這屬於認知和定位錯置的問題，健康在定義不明確的環境中被設定成為目標，有可能是相對遙遠的目標，在為達成目標而汲汲營營的同時，思考版圖限定在自己，沒有了群體，遠離了人際。實際上健康是本來就存在的狀態，我們遠離了健康的本質或狀態，反而把健康視為一種目標。好比金錢本是人為了交易而設計出來的籌碼，金錢因價值而變動，可是當我們只看到價格，忽略了價值，好比我們把賺錢當成目標，忽略了操守，遠離了正直。

在身體的法則中體會到天道的殊勝，只要符合或者是呼應法則的法尺，生命有道，身體有道，走在道中，不偏不倚，無愧於心。法則在上，無常在上，晝夜有律，曆法有本，自然有道，家在何處永遠都在提示，是否走在道中必須持續檢視，覺靠己，決由

天。真要抽絲剝繭，就從觀察身體的責任感建立屬於身體的視角，擁有人身的責任何在，擁抱生命的態度何在，仰望天際的視界何在。

生命有道，身體有道，
走在道中，不偏不倚，無愧於心。

046

失敗主義

「這件事太難了！」這是我最常聽到的一句話，對方指的也許是做斷食，他說的也許是推廣斷食養生，也許就單純談論我的工作。「你為什麼硬要挑這麼困難的事情來做？」面對這個問題，我通常不會花心思回答，在我的認知中，這個問題本身才是更大的問題。思考是我的習慣，想起自己的生命軌跡，似乎對於這一刻的觀瞻早已有所設定，文字和我之間的關係感覺存在深厚的淵源，出入父親的診間則引領我看到病痛不尋常的背景因素。

解讀一件事情的困難程度，最大的關鍵是熟悉與否，更進一步說就是有沒有經常練習，研判一件你從來都不做的事情困難很合理，因為不熟悉。欣賞一位鋼琴家或小提琴家的琴藝，我們可以用各種成語來形容高超的技藝，只要聯想到自己有沒有能耐達到這樣的境界，困難的層級就油然而生。描述琴藝的困難以及養生的困難存在不一樣的想像，鋼琴家就別想了，可是養生不可能不想，既然很難，也就不要想了，就只能賭賭看了，這是我對於失

敗主義的初體驗。

我們這一代在升學路上一路衝鋒陷陣，面對考試有人輕鬆應對，有人則進入極度的煎熬，其實關鍵都在平日的學習態度。杯子是解讀學習成效很好的媒介，尤其是進入社會大學後的學習，一概都屬於杯子空與否的見證。有機會在生命道路上體會不變的哲理，法則就是放諸四海都通用的道理，有那麼一天，每個人都必須領悟上蒼所設定的道法。從來就沒有所謂的困難，困難是疏於練習，困難是不願意練習，困難是沒有勇氣去嘗試，困難是一種自我限制，困難是失敗主義的綱領。

深入慢性病領空的醫病對話，有機會發掘出一種根深柢固的路線，從不確定到不知道，從沒時間到沒空思考，從來不及到沒辦法。在醫生的記憶體中出現一成不變的研判，病人幾乎就這樣了，只能控制下去了，不可能更好了。繼續從病人的意識中去挖掘思考軌跡，居然都是只有更壞和更糟的發展路徑，有點類似蹺一整個學期課，面對期末考只能期盼老師手下留情，不然就只能等著被死當一條路。

聽到「不養生就等著養醫生」這句話，可以玩笑以對，也可以嚴肅看待，真相是所有人對於醫生的見解都很明確，唯獨對於養生的觀點就莫衷一是。醫療提供一種情境，就是等待，就是看誰運氣不好，不應去論述醫療的缺失，他們也已經夠忙碌了，是民眾自己把身體搞壞了。善後處置的生態開發出一條不長進的生命道

路，從身體之道可以清楚看到民間自甘墮落的處境，在口腹與滿足的驅動中，在善後與結果的糾纏中，失敗主義成為一種主流意識，是非混淆成為一種社會生態。

在失敗主義橫行的世界中，「沒辦法」和「不得已」充斥在人們的對話中，生存之道就是遠離這樣的環境和人群，另謀生路。

面對考試有人輕鬆應對，有人則進入極度的煎熬，
其實關鍵都在平日的學習態度。

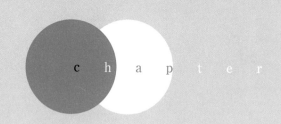

c h a p t e r

第五章

男言之癮

（腦垢之二）

「真正能賦予你使命感的是內在動機，也就是你怎麼看自己、怎麼評價自己、你成長了多少、對這個世界體驗了多少。一旦你專注在這些事情上，你就不需要尋找人生使命，它會找到你。使命就像快樂、成功一樣，和你融為一體。」

——《為什麼你無法真正的快樂》／偉恩・戴爾

男言之癮

在和女性學員對話中，不斷感應到男人的魔力，這個魔字是魔鬼，是不同性之間不對等的力量。誠實回溯自己的成長軌跡，很清楚找得到那個不經意讓身旁女性產生恐懼的心態，追蹤其發生，學歷占了一些角色，繼續深入探討都會在男人的優越感獲得結論。在傳統的大男人社會中，這是一種常態，可是經由時代變遷，男女平等早就是基本共識，男人早該透過對等的視窗看女人。我們試問：有嗎？

「女人進階」粉絲專頁版主張怡婷寫出一段反應女權的陳述：「對我而言，真正的女權主義者該訴求的是『平等』，而非『女權至上』，而我所認同的女性力量，其實是兼具柔軟與韌性、愛與同理，而非『女人無所不能』的強悍形象。」為何吶喊，因為對方聽不到，因為他總是裝聾作啞，該他講道理的時候女生都得好好聆聽，該他把懂的知識倒出來的時候，身旁的女性必須是規矩的聽眾。

長久觀察東方社會的男重女輕現象，誤以為這不會是西方世界的狀況，可是一個英文字「mansplainer」提醒了人類世界的「男言之癮」。這個英文字的背景的確是男對女說教的畫面，為何是他說教？因為他比較懂，因為他知道，因為他會，因為他有經驗。我再次勇敢揭穿自己年輕時的心境，說穿了就是傲慢自大，就是沙文基因，就是自以為是的鄙視異性。看著教室裡面永遠維持九成以上的女性學習者，最終能做的提醒剩下「時間會說明一切」，「潛移默化是最好的提示」是我的忠告，可是不時會聽到「不可能」的回覆讓我撞到男人的尊嚴高牆。

真的就是假不了，不知道事情為何發生就無法解決問題，我們都經歷不算短的碰撞期，縮短碰撞和摸索是教育的一環。回到陰盛陽衰的學習環境，男人都不再學習將形成女人當家的局面，男人都不再進步將是「男言之癮」所塑造的趨勢。談到養生，自認為很懂當然不用學，自以為都會當然就不再成長，永遠仰賴虛假的陽剛權勢最終肯定潰不成軍。以上一律從身體的狀態預言，虛假成就不了身體的實相，自認為懂而不學習，改變的結果就是為掛病號提早預約。

問路一直都是分別兩性差異的縮影，男人已經不行了還是要硬撐，女人就是直爽的承認必須求救，最後的結論都在男人的「我早就知道了」中落幕。對我來說類似的觀察早已不新鮮，十多年前在部落格就很有感的對男人提問，當時的標題是：「承認你不懂，會死？」事過境遷，得知女性學員回家分享講座心得，家中

男伴的回應都很一致：「那些道理我也懂，只是不一定要這樣做。」

寫這些也許得罪了多數的男性，我總是清楚得罪事小，永遠虛假事態比較嚴重。

真的就是假不了，不知道事情為何發生就無法解決問題，
我們都經歷不算短的碰撞期，縮短碰撞和摸索是教育的一環。

048

女人可以不委屈

沒有人喜歡狀況外，就是和你相關的事情你不知而他人全都知，被蒙在鼓裡的感覺很不好受。這個主題要理出真正的重點，應該是生命中最重要的事情你狀況外了，你會很關心的事情而你遺漏了，或者是攸關生命品質的真相被你誤解了。因狀況外而失去生命是很多悲劇的主軸，年輕氣盛是一種狀況外的表現，脾氣暴躁是一種心智不成熟的表現，自大傲慢是一種對於生命本質重度誤解的表現。

不論你目前有可能歸類在上述哪一種表現，能盡早調整改變最好，這些生活態度都將被生命收納至病痛的結果，很多承受病痛的人並不清楚自己是如何落入這般的病況，這是一種最普遍的狀況外。我們在生活面中看到年輕氣盛還存在承受的一方，脾氣暴躁可能也有承受的一方，自大傲慢的承受方可能更明確了，那是媽媽兼妻子也兼家庭主婦的角色。嚴格說，這是一種極度委屈的面向，當事人面對所該面對，可能忍辱負重到倒下去，我們真實

看到兩敗俱傷的結局。

我對於女性的描繪從廚房的背影勾勒到餐桌剩下一個人的背影，繼續看到孤獨坐在客廳等候孩子或老公的身影，接著還有服侍公婆的身影，我已經不忍心繼續陳述照顧生病另一半的身影。不解東方社會安置女人角色的基調，不少夫家經濟狀況優渥的女性放棄了自己的人際，唯一的角色是相夫教子，有一種幸福的面向，其實是遠離自己本我的決定，類似的發展，大多是犧牲自己而成全所有人的結果。

愛征服了個人的意志和心境，這是多少女性一生的註記，她們照顧上、照顧旁、照顧下，情緒的軌跡都記錄下來，委屈的眼淚也都保留在細胞記憶中。延續我在「婚姻與重症」的分析，社會到處都有這些偉大的身影，最不忍心看到她們最終落得躺在病床上的結局，畢竟在民間的觀點中，生病就是生病，病怎麼來的完全不是重點。光是生孩子之後要養要背也要餵，最後還要承受所有不公平的待遇，對比男性的角色和承受，賺錢真有那麼了不起嗎？男人真的只有剛強的形象嗎？

一位名律師從法律的角度為女性發聲，她以「顧公婆時是一家人，分遺產時是外人」為題，我相信制定法律的還是以男性為大多數，我深信這個社會欠女性太多的公道，我從我所接觸的女性看到一股強大的翻轉力量。這一段敘述必須回到狀況外的主軸，養生如果說是一種覺悟，不如說是上蒼早就設定好的考題，委屈

一定無法求全，委屈在身體的解讀會記錄成傷痛，委屈在重症的發展軌跡中是很沉重的鑿痕。委屈導致病痛的事實不容許狀況外，隱藏鬱悶情緒的人生最終勢必沒有上演喜劇的軌跡，即是這不是女性的專利，卻是男性不應忽視的性別角力。

看懂因果，也眺望結果，女性請務必研修心智在養生路上的角色定位，趁早發掘出自己的生命價值，為自己的生命爭取最大的權益。

委屈一定無法求全，委屈在身體的解讀會記錄成傷痛，
委屈在重症的發展軌跡中是很沉重的鑿痕。

049　做仙

「你要做仙（台語的成仙）嗎？」不吃的那一餐，這句話出現的機率有多高，這是一群自律養生者聚在一起時最有共鳴的話題，在眾人的觀點中是一群擁護斷食的瘋子。在多數人的認知中，三餐是不能變動的制約，健康的變數在食物的選項和分量，少糖少澱粉，少油少鹽，少肉多菜，不是多補充，就是少吃特定的食物。

少吃一餐變成眾矢之的，好幾天不吃成為不正常的稀有動物，用異樣眼光看待這些行為後，內心的信念永遠不會接受不合理的養生方法。方法可以取代，也可以選擇，每個人都可以挑選自己認同的養生方法。看著這麼多堅持拒絕斷食的人，他們是拒絕斷食，同時也拒絕了自己的身體，身體渴望休息的需求永遠得不到正面的回應。真相是他們拒絕了身體，拒絕了健康，也拒絕學到健康正解的機會。

人類很聰明，聰明的對面存在愚蠢的處境，我長期在這兩造之間觀察，發現人們都堅持不該堅持，不堅持該堅持。觀察人類行為必須遠離是非對錯的評價，在自主與非自主的區隔中檢視生命的落點。可以掌握在自己手上的不該假手他人，將生活細項列出流水帳，發現我們失去了生命主導權，工作由他人操控，健康由別人管理，不小心連學歷和婚姻都是由長輩決定，該怎麼活都無法自己做主。

同道是一種二元化社會的價值意識，自家人不同於別人，姓氏一樣是本家，行業相同是同行，一樣信仰是同修，我們把人歸類之後，選邊站變成一種本能。在這種價值體系中成長，我們無形中透過方位評價別人，可能造成離間，可能製造對立，不小心出現了歧視。每天吃三餐是一種信仰嗎？如果不是，為何不吃三餐的被歸在異類？每天一定要吃才是正常人嗎？如果不是，為何斷食會被安置在偏方抑或是高風險的行為？

同理是與人和睦共處的一種修為，由於必須與人相處，所以就練習同理，結果終於熟練對人同理，可是卻不知道還應該要對身體同理。生命為我安排完整的養生學程，從醫療的家庭出發，在中西醫對立的教育中成長，最後發現中西醫都有誤解身體的區塊，因為醫學由人所發明，身體由造物所設定。回到自主，回到同理，回到自然，回到自己的身體，最終在對身體同理的養成中持續體悟養生學分。

不管要做仙，還是不做仙，我們都得依照身體的指令生活，身體有能量分配的需求，有平衡代謝的需求，有擁有完全自主的需求。我們能做的不是做仙或不做仙，是先讓身體輕鬆，讓身體負擔輕，心靈負擔就輕，讓身體靈活分配資源，讓身體好好做能做也該做的事。

可以掌握在自己手上的不該假手他人，將生活細項列出流水帳，發現我們失去了生命主導權。

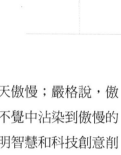

人有兩種傲慢，一種是對人傲慢，一種是對天傲慢；嚴格說，傲
慢是環境，我們都身陷其中。我們都在不知不覺中沾染到傲慢的
習氣，尤其在先進的文明社會中，人類的聰明智慧和科技創意削
弱了人們對於天道的崇敬，生活在知識經濟時代的你我特別容易
被功利主義所迷惑，傲慢形成基本技能。因傲慢的瀰漫而有自卑
的廣泛存在，沒有刻意，可是這兩種元素在環境中對立，意外催
生了疾病，人類因傲慢而生病，人類也因自卑而擴大疾病的板
塊。

得以描述傲慢，因為經歷傲慢，因為熟悉傲慢，因為也長期體驗
傲慢，而且詳實觀察傲慢。在沒察覺到自己的傲慢時，身旁的人
都清楚感受到我們的傲慢，這是我從小就經歷的成長故事，來自
同學們的觀感，幾乎可以形成集體共識。當時的我顯然不認為自
己傲慢，也不懂何謂傲慢，扛著富家子弟的包袱，加上成績和技
藝表現都是鋒芒畢露，無形中成為同學們敵視的對象。

深入病痛世界，發現疾病世界充斥人們的心理潛質，多數人無感於其存在，在整個發病的路徑中無視於病痛的形成。舉睡眠的案例，來自工程師們的說詞是我只睡幾個小時，譬如說我每天都只睡四個小時，說話的人充滿優越感，聽話的人則是欽佩和羨慕，欽佩的也許是能力，羨慕的應該是收入。工程師不清楚的是睡眠債務必須要還給身體，工程師不明白睡眠充足是擁有健康的基礎，所有因此而發生的意外都不是意外，不論是心梗或是猝死。

再舉生氣的案例，這是生活中最稀鬆平常的劇情，生氣有兩種，一種生悶氣，另一種當場發飆，兩種我們都不陌生。經歷超半世紀的學習體驗，體悟到生命法則的善意和慈悲，《祕密》（*The Secrets*）和《吸引力法則》（*Law of Attraction*）兩本鉅著已經詳細載明，有那麼一刻，對應到生氣的無知與傲慢。當全公司上下都知道老闆生氣了，當子女都清楚爸媽生氣了，當你很刻意的要告知你生氣的對象你目前怒氣填胸，缺乏智慧是一種顯像，發怒者不知道自己違逆了天意是另外一種解讀。

如果你在家人朋友間的印象屬於生氣一族，經常因為生氣而導致旁人對你畏懼三分，而且你很堅持就是要生氣，很執著就是必須展現不高興。前述所謂傲慢與自卑的對價就存在於你和相處方的關係中，從疾病的發生回溯，願意改變是唯一的解方，好好修練自己的脾氣是很必要的功課。千萬別忽視由傲慢所主導的恐懼，旁人對你產生畏懼不是一種成就，這是傲慢者內心深處的定錨，從養生的角度解構，生氣不僅無知，也無明。

傲慢傷人，生氣傷身，我們熱衷於兩敗俱傷的事情太久了，不覺悟，就繼續執導呼天搶地的劇本。

人有兩種傲慢，一種是對人傲慢，一種是對天傲慢；
嚴格說，傲慢是環境，我們都身陷其中。

優先順序在生活中是禮節，是長幼有序正規的演出，生活中盡是
尊重與禮讓的氣氛，人人都會感覺到與有榮焉。優先順序就是選
擇，背後的指導者是價值觀，價值觀很難透過對錯分析研判，被
認定是荒唐離譜的事也許換個立場或是換個人，變成是再理所當
然不過的事。當事人的選擇可以由當事人來做評斷，我個人的生
命經驗經常不斷推翻自己的優先順序，從結果論回溯，曾經很執
著的抉擇，最終被自己踩在腳底下。

想想十年後的價值順序，再想想二十年後的價值順序，經驗是把
二十年後的選項直接拉回來這一刻，就從這一刻開始履行自己更
成熟後的價值體系。

如果你清楚二十年後會比較重視養生，這一刻就應該重視養生，
如果你希望二十年後可以騎單車環島，最近就應該擬定單車環島
的計畫。特別想強調，如果你不希望二十年後被慢性病侵犯，你
這一刻所有的價值順序就得更替，規避慢性病也許是二十年的大

工程。

誠摯呼籲有覺知並預見未來的勇氣，未來的病痛是真的痛，此刻短暫的痛真的不是痛，所謂此刻的痛在很多人的眼界中居然只是——改變，通常只是改變生理輪迴和改變心理欲求。記錄和數十位女性學員的對談，主題是家裡有一位堅持不改變的男人，我的立場不是和這些固執的同性對立，基本上比較接近同情，畢竟自己也有可能不小心掉進頑固的深淵。

為何男人固執己見的機率那麼高，我個人主張是整體環境的養成，源自於我們傳統的教育體系，在我幼年的家庭環境中，幾乎長輩的每一句話都透露出男人和女人地位的區別。這樣的分別不在基因中，在每個男人的價值養成中，除非出現無法迴避的現實，譬如身旁的女性都是強者，譬如自己的自尊早早被新一代的環境所征服。事實證明男人不是絕對的優秀，也不是絕對的強勢，不接受男女平等的男性遲早將面對被女性領導的安排。

從一個人的言行可以看出他是否謙卑，言行合一表象上是承擔和負責，其實真正核心是謙卑。
如果健康是選項，是心中最渴望的價值，這一刻請選擇謙卑，針對不願意改變和學習的您，我的建議是從認錯開始練習。
這是我個人的經歷，承認錯誤是一種成長，承認不足是個人的突破，承認無知更是最簡單的選擇，其實我們臣服的對象是大自然，我們所交付的方向是上帝如來，承認自己渺小後而發現自己

的強大。

回到禮節，回到生活中的優先順序，看到身旁謙卑學習的人，跟他們看齊，給他們鼓掌，成長超越就在虛心受教的潛移默化中。

從一個人的言行可以看出他是否謙卑，言行合一表象上是承擔和負責，其實真正核心是謙卑。

每個人在生命旅途中都有機會比對不同時空的自己，成熟的自己
想起過往不成熟的表現，有自信的自己想起過往沒自信的樣子。
我個人就經歷過好幾次翻轉人生的過程，有時候甚至很不願意回
顧某一階段的歷程，那時候做的事情、說的話、交的朋友。曾經
多次在文章中回憶和兒子的相處經驗，當我發現父子之間的對話
深度乏善可陳時，驚覺問題的源頭都來自不成熟的父親，聯想到
沒有智慧的教育可能導致子女終身的遺憾，除了懺悔，不斷提醒
自己要勤奮的修補。

回想幼年時期母親生氣時叫我名字的聲音，聽到嚴厲的聲音就知
道自己即將挨罵。這種事情在細胞層級的記憶儲存是驚恐，即便
只是母親生氣了，在幼小心靈的感受上是極度的恐懼害怕。假設
孩子終其一生都沒有建立自信，假設孩子把藏在很底層的恐懼無
限放大了，要不是有太多的個案經由研究人員抽絲剝繭的挖掘，
我們沒有機會理出成年人的病痛和幼年傷痛之間的關係。

身教的重頭戲不在長者的內省，而是子女潛移默化的複製，尤其是生活中那種言不及義的髒話，或是夫妻之間罔顧修養的情緒暴衝。我們總是忽視孩子的學習力和吸附力，非刻意要複製母親的教育方式，事實上百分百複製，不僅複製她怒火上身時的教訓口吻，同時把父親的不苟言笑也一併收納。兒子成年後的某一次，我喊他名字，從他的表情看到完全不在劇本內的驚恐，那一刻的我，羞愧無比。

我們的成長環境有外在環境和身體環境，而身體環境又區分成生理環境和心理層級的情緒環境，後者牽動到神經和內分泌系統，複雜的細胞記憶多半記錄了幼年的情緒陰影。就學習與記憶的績效，零歲到十歲是一塊大海綿，聽到的語言形成記憶的大宗，看到的態度形成未來的一種本能，這十年之間家長的言行是重要的指標。我懂這些道理的時候，兩個兒子都已經超過二十歲，不該記錄的都已經記錄，已經複製好的也許早已蓄勢待發等候表現。

不是刻意要扮黑臉，也不是妻子刻意要扮演白臉，母愛的偉大不需要論述，親子之間的刻痕都源自於兩位大人不相同的成長背景。這一段的論述除了人格成熟與否的省思，當然也探討了家教的重要，最讓我關注的在承受者內心深處的裂痕，那是可能連結到危及生命品質的傷痕。對於面子教育我深惡痛絕，對於不能說實話的場面更是避之唯恐不及，所有錯誤教養方式都將被我記錄在自己的文稿中。

生命極其短暫，虛耗的都已經虛耗，浪費的都已經浪費，逝去的都已經逝去。當我們為他人示範怒火，無形中增添他人心中的傷痛，當我們為子女示範血氣之勇，無形中增加子女罹患疾病的風險。當斷則斷，即知即行，改變是永遠不變的提醒，生氣最終傷害到生氣的人，固執的人最終都是承受不改變後果的人。

‖ 身教的重頭戲不在長者的內省，而是子女潛移默化的複製。

053　失去

窮人憧憬富人的世界，富人不想過窮人的生活，窮人與富人之間的分別除了財富的實力，其餘都屬於心理素質，主要是人類特有的意念，通稱「擁有」。窮人幻想沒有煩憂的富裕生活，殊不知富人的煩惱卻遠遠多於窮人，窮人不解富人的煩憂，因為窮人只幻想擁有大筆財富的喜悅，無法理解大量擁有後的心理層級。擁有是人類所創造出來的權力模式，窮人無法理解擁有對富人來說竟然是一種恐懼。

富人有錢，或許也有權，這是多數人夢寐以求的擁有，想到有錢又有權的人呼風喚雨的模樣，想到富可敵國的人物，想到馬首是瞻的權位。有人要錢，有人要權，有人兩者都要，有人先有錢後有權，有人先有權才有錢。當擁有了這一切，當熟悉了這一切，恐懼就自然出現，看到身旁有人羨慕或是覬覦的眼神，看到競爭者仇視或者敵對的態度，擁有者存在失去這一切的恐懼。

上蒼贈送你我非常多的擁有，諸多天賦從出生就存在我們身上，屬於人所獨有的擁有就值得格外珍惜，舉思辨的能力，這是人之所以異於其他動物的擁有，可是人類總是把思辨用來追逐外在的擁有。恐懼就從內在擁有和外在擁有之間的差異發展起，不會失去的我們不滿足，害怕會失去的特別要競逐，以金錢的數字衡量，每一個數字都不會是終點，多還要更多，有還要更多的擁有。

恐懼失去是一種心毒，害怕失去是因為不是真正擁有，或許不是靠真本事賺來的，或許是掠奪別人的擁有，或許不清楚該如何維繫這些擁有，譬如說繼承。舉業務團隊的例子，或者是傳銷組織，領導是身教和服務，是同理和真愛，不應淪為指導或命令，領導者和組織成員無法同頻共心，組織遲早要面臨瓦解。越想占有屬於自己的資源就越會失去，多半只是短暫的擁有，好比大筆財富將淪為子女爭奪的標的物，好比攻城掠地後唯恐被部屬暗殺而必須先下手為強的古代將領。

我們都擁有了，為何害怕失去？我們濫用思辨能力，我們不知道如何善待免疫能力，我們過度放大身體可以處理精緻食物的消化能力，由於誤解了身體的擁有，因此針對健康，我們的恐懼遠大於珍惜。從文明大圖像分析人類的小聰明，從身體大自然反思人類的小創意，從所有人類瀕臨死亡的恐懼解構人類不安全的心理素質，我們都得認清人類的自大傲慢，我們都得面對自己的無知貪婪，我們都得承認自己在大自然的擁抱中試圖掙脫自然。

獨一無二是每個人的擁有，羨慕別人之前先確認自己擁有別人也許會羨慕的能力，在害怕失去的情結中省思自己憑什麼擁有別人所沒擁有。一切都將回到人我的分別，當我們占據了我，也就擴大了我，遲早會失去自我，失去自我不是遠離靈性就是遠離了身體，最終放棄了自己，失去了健康。

恐懼就從內在擁有和外在擁有之間的差異發展起，
不會失去的我們不滿足，害怕會失去的特別要競逐。

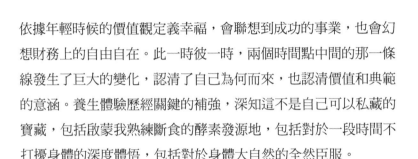

依據年輕時候的價值觀定義幸福，會聯想到成功的事業，也會幻想財務上的自由自在。此一時彼一時，兩個時間點中間的那一條線發生了巨大的變化，認清了自己為何而來，也認清價值和典範的意涵。養生體驗歷經關鍵的補強，深知這不是自己可以私藏的寶藏，包括啟蒙我熟練斷食的酵素發源地，包括對於一段時間不打擾身體的深度體悟，包括對於身體大自然的全然臣服。

提到補強，那真是一段高張力的劇情，相較於自己的成長背景，不敢相信這一切會發生在我身上，而且是一次又一次的修正，甚至是修理。知道被老天爺眷顧，也知道背負著重責大任，路上的光景是配置好的激勵，即使是鄙視，即使是懷疑，即使必須和家人背離，即使經常入不敷出，即使在工作崗位上總是孤獨。

我父母親的價值觀就代表一般大眾的視窗，要成功，要有錢，要有面子，要贏別人。我們都熟悉這些價值，沒有立場否定必然的

榮耀，唯獨更重要的價值被刻意忽略，社會面的呈現是如此的離奇和弔詭。最需要的價值被擱置了，最必須推廣的訊息被掩蓋了，最必須學習的技能被否定了，我在醫院的每一個角落看懂這一切的錯置，更在殯儀館的空間領悟生命價值的耽誤。

醫院是成長背景，樓上是住家，樓下是父親的診療空間，那是親友和病患最敬畏的空間，而我卻從生命的歷練中擊退了那個空間的所有元素。我們只是回歸大自然的懷抱，所謂大自然，就是回歸身體的自然生態，只要理出身體所接受的頻率，尊重身體的每一份職責，超越是遲早出現的頓悟，信任身體變成一種能力。

在此利益衝突的時代，把真心話說出來需要很大的勇氣，經常有朋友真心奉勸，提醒文字可能創造出的對立磁場。我想過，認真思考過，扮演這樣的角色，如果還瞻前顧後，如果言詞閃躲，那還不如站到第一線去營造高獲利，不需要這麼辛苦。已經習慣把靈感委託給自己的本心，尤其當我進入間歇性斷食的世界後，更加是義無反顧，即將有更多人從心中出現擊退醫療的信念，只是一個念頭的超越。

父親的專業在世俗的觀點依然是專業；打從深入身體意識的世界，對於身體的信任逐一敲碎父親的專業元素——尤其是認果為因毫無存在價值的處方邏輯。有好多次階段性的頓悟，針對身體的平衡力，針對身體調配供需的能力，對應的是藥物的干擾和惡性循環，從父母親身上看到崇尚醫藥的後果，我的責任感就源自

這樣的落差。

賦予「富裕」遠離病痛的定義，真正的貧窮是身體貧窮，是能量失衡，是消化耗損，是通道淤塞，是脂肪囤積，是充滿不確定，是心眼狹隘，是缺乏自信，是人與人之間習慣性的對立。

‖ 在此利益衝突的時代，把真心話說出來需要很大的勇氣。

代價

「醫生，麻煩您救救我兒子，無論如何，一定要讓他好起來，花多少錢我都願意！」

「醫生，請救我，我不知道我為什麼會得這種病，可是我不要，我要恢復健康！」

「醫生，我有錢，我有很多錢，請幫我治療，我不要生這種病！」

熟悉嗎？或許我們不曾親眼目睹這樣的場面，可以確信的是這種場景會發生，它真實的發生在每一天的某一個地方，也許就在這一刻，也許就在你熟悉的醫院。

錢是什麼？錢能做什麼？錢可以買到什麼？錢買不到的東西就代表無價嗎？缺貨的時候，有錢也買不到；絕版之後，有錢也買不到；季節過了，有錢也買不到；排隊排不到，有錢也買不到。似乎，有不少生活面向都提醒我們錢不是萬能，潛意識中，總是試圖靠金錢來征服一切需要。健康用錢買得到嗎？嚴格說不能直接

否定這個問題，正確說法是健康無關金錢，因為健康無價。無價的東西有錢也買不到，無價的東西必須要維護，必須要珍惜，無價的東西必須能展現無價的存在。

當有人告訴你使用一個產品可以獲得健康，當你相信了，你一定會花錢買。可是當這個產品的價格超出你的能力，你只能選擇不買，萬一是產品的價值吸引你，你有可能會想辦法擴大預算能力，設法擁有這些價值。問題總在產品的價值和價格能否匹配，還有產品的價值是否真正符合使用後的預期，因此價值不是由賣方來主張，應該是買方來驗證。買方無法驗證價值才是問題的重點，問題回到健康無從定義，健康被隨意定義，當健康被產品定義了，被藥品定義了，聽到「我有錢，還我健康！」就不足為奇了。

當金錢被安置在腦袋中連結健康，失焦的不是金錢，是我們看待健康的視角，是我們為健康所下的定義。健康的價值從來都不在金錢，在時間，在我們用什麼樣的態度來維繫自己的身體，健康無價在貫穿身體之道後，要回歸身體的絕對自主之後。健康必須存在一種永遠還有努力空間的視野，當它靠近了，距離又出現了，接近要上岸了，可是又上不了岸，好比數學的漸近線，意思是不能停止努力。

健康無法論斤秤兩，它不計代價，不是失去了才想用錢來換取，不是沒時間了才想用錢來買時間。現階段人類的身體普遍缺少了

什麼？如果健康無價，這些東西就必須無價，愛無價，愛和健康有什麼關係？真心關懷無價，真心關懷和健康又有什麼關係？感恩心無價，而感恩心又和健康有什麼關係？珍惜身體就是珍惜生命，珍惜是實際的行為和感受，知道珍惜又知道健康不計代價，我們這一刻還在執著的是什麼？導致我們遠離健康好遠好遠的又是什麼？

生病了不計代價，還沒生病則都是成本，因為我們所關注的不是健康，我們所在意的不是時間的珍貴，永遠只是短暫的慰藉。

健康無法論斤秤兩，它不計代價，不是失去了才想用錢來換取，不是沒時間了才想用錢來買時間。

身體不舒服的時候唯一能想到的是快速恢復，也就是解決方案，從小不舒服到嚴重不舒服，有小診所到大醫院隨時可以協助解決。細部解構民間的不舒服動線，可能小不舒服去了大醫院，可能嚴重不舒服去了小診所，大小當然沒有一致的標準，最大的問題在不舒服發生的情況沒有好轉跡象。所謂情況從一種思維模式展開，簡單說是解決問題，多半心態是快速解決問題，所以在解決問題之前要先確定出了什麼問題，所以要進入檢查和檢驗的程序。

解決問題是一種思維模式，確定問題是確定問題的結果，不是原因，現代醫療的發展已經無暇顧及原因，也沒有必要去探究原因。請留意針對健康問題的現有民間觀點，確診是必要的，治療是急迫的，問題是如何發生的不再有機會深入，因為確認問題和處理問題的都是專家，慶幸有一批專業人士可以隨時解決不舒服的發生。瞻前而不顧後成為標準的思維模式，所有專家都忙著處

理善後，不是善後的專家也一定是推崇善後以及推廣善後的專家，這就是一般民眾在忙的事情，是態勢，也是趨勢，不問原因，只管結果。

在善後的思考模式中出現一種另類的善後模式，有人稱它肝膽排石，有人稱它肝膽淨化，通盤整理民間的資訊傳播內容，重點歸納成排膽結石，屬於民俗療法被清楚歸類，不在主流範疇，一律歸類在偏方。只要是認同肝膽淨化的都直接被歸類在非主流，也就是專業之外，除了有膽結石的陰影，連結到治療膽結石的主張，肝膽淨化變成道聽塗說，有理說不清。可是肝膽淨化不應被歸類在善後，不是用在處理不舒服，這是導致問題失控的源頭，肝膽淨化就好比每天例行的排便，差別在不是每天做，也不是想做就可以很自在的做。

肝臟有廢物和腸道有廢物一樣道理，都是因為吃而存在，我們都必須嚴正看待這個真相，是我們把食物料理過的真相，是進入身體的食物不是食物原始樣貌的真相。事情的本質可以是食物的烹調加工，也可以說是身體的能量水平，意思是身體被迫把資源輸送到處理食物的浩大工程，導致處理後端廢物的力道不足，這是一種很容易理解的疲累效應，廢物無法清除就只好堆積。當我們都把焦點放在膽結石的善後處置，忽略的當然是形成膽結石的原因，請都勇敢進入問題的最核心，就是每天都吃三餐這個習慣，絕對不是網路瘋傳不吃早餐的結果。

當媒體把事情放大報導,被訪問的肝膽科醫師指稱現階段顯微手術的方便性,焦點持續被移轉到後端的治療,正統和不正統的對比被重點聚焦,肝膽淨化被形塑成民間騙術。我們從小到大所接受的教育中,認假為真的個案不少,針對健康更是罄竹難書,卡路里學說炒得沸沸揚揚,脂肪的錯誤見解講得煞有其事,糖尿病的真相更是霧裡看花。我曾經在重症病患身上看到認錯的力量,是真心反省自己過往不當行為的力量,針對肝膽淨化的真相,民眾沒有機會看到或聽到醫療體系有所反思的舉止,牽涉到錯綜複雜的人性面。

不小心從輸贏的角度接受到選邊站的指令,如果聲音大的就是贏家,如果有權勢的才能當贏家,證據有可能永久沉在海底的泥沼中。信者恆信是我的結語,從人性角度必須如此定調,沒完沒了的論戰確實毫無意義,可是從身體的立場,從還原真相的角度,熟練肝膽淨化的前輩沒有沉默的權利。

> 肝臟有廢物和腸道有廢物一樣道理,都是因為吃而存在,
> 我們都必須嚴正看待這個真相。

c h a p t e r

第六章

貪嗔癡慢疑

（心垢）

「成為你所樂見的改變，這是我賴以為生的座右銘。不要輕視別人，而是鼓舞別人。不要心存破壞，而是重建破碎的生命。不要再引人誤入歧途，而是照亮前方的道路，如此一來，我們所有人都可以立足於更高之處。」

—— 《關於人生，我確實知道……》／歐普拉‧溫芙蕾

057　戒律

長期，我們從營養師和醫師的勸戒中收到一則又一則的戒律，又是某一位中醫師告訴某某人不能吃特定的食物，又是某一位營養師提醒要避開高熱量食物，為了健康，多了好多的禁止。人們不喜歡戒律，卻又得適度的接受戒律，發現戒律帶來不歡喜之後，索性將之丟棄，最終得暗示自己這些戒律沒有效果。戒律當然有效，戒律也當然沒效，戒斷癮頭的過程多半夾帶痛苦，不戒而自然斷根卻是多少成功斷癮者的經驗，因為關鍵在心，不在腦。

戒律有用，卻有時間的約束，意思是無法維持，畢竟戒律的起心動念就不是為長久適用而設計。全世界有多少藥物專家投入藥品的研發，他們研究的主軸屬於特定的戒斷，在設計藥物成分的時候除了把效果擺在前方，時間也是重要的考量，快速有效最能吸引民眾的興致。卡路里的戒律盛行很久，最終證實是一場毫無意義的鬧劇，不是否定卡路里的存在，是如此算計並不符合身體運作的邏輯和程序。

我父親在將近五十歲的時候戒掉二十年的菸癮，記得是我姊姊和他約法三章，他最後妥協不是真願意戒菸，是因為愛女兒。類似的故事不會和你無緣，愛本是人世間最偉大的力量，我們只要學習愛自己，就不需要任何戒律；我指的戒律是人為的戒律，是腦袋放送的戒律，是為了特定目的而設計的戒律。斷食從字面上出現戒律的訊息，嚴格說是名稱的誤導，食是癮，斷是念頭，真正的存在意義是身體意識的復甦，是身體央求我們要斷。

問自己是自己想做，還是別人要求你做？問身體最大的需求是什麼，該怎麼做？如果是身體要求你斷掉一餐，你願意嗎？如果身體要求你每星期歸還兩天的休養生息，你會配合嗎？抗拒身體意識的個案都由腦部意識所操控，當大腦記憶熟悉了身體透由食物所帶來的滿足感，當大腦記憶熟悉了由藥物所遙控的速效慰藉，有多少人的生活從此遠離最根本的身體覺知？有多少人的生命中從來都沒有機會好好疼惜失去自主權的身體？

三餐一直都是民間的制約，是腦袋的堅持，不是身體的主張，事實真相座落在每一位熟練間歇性斷食的人身上。從身體的角度，所謂的三餐是精緻食物，是委由身體全權處理的食物，其實約定餐數的意義不大，身體的時間軸延續才是身體的主張。每天得坐在餐桌前三次，這必然是制約，可是當制約變成了戒律，不能不吃三餐是一種很奇怪的戒律，都知道吃了不舒服，卻堅持要吃到很不舒服。

假如夫妻之間約定多久得行房，能否履行？關鍵不在生理的滿足，是雙方是否真心相愛。如果你覺得這種約定還蠻無聊的，那麼時間到了就得去用餐也是蠻無趣的陋習，不是嗎？

如果是身體要求你斷掉一餐，你願意嗎？
如果身體要求你每星期歸還兩天的休養生息，你會配合嗎？

看到重病患者的呻吟和喊叫，他們身體的疼痛，我們有感。

看到肥胖者拖著沉重的身軀行走，他們身體的重量，我們有感。

看到外籍雇傭推著無法行動的身障老人，他們身體的老態，我們有感。

看著餐館內酒酣耳熱的划拳叫囂，他們被酒精麻醉的程度，我們有感。

看著吃到飽餐廳門外的排隊人潮，他們期待吃一頓美食的心情，我們有感。

吃，我們經歷；醉，我們或許經歷；病，不論輕重，我們多少經歷。

有感，不一定因為經歷，因為我們懂，因為我們懂得感同身受。

我們被指導，被教育，加上悲天憫人的天性，我們有感他人的苦痛。

如果是家人，如果是愛人，如果是自己的子女或父母，我們更能

將心比心。

子女的痛是父母的痛，父母親恨不得把子女身上的痛轉移到自己
身上。

有感是動人的情節，有感是令人揪心的畫面，有感是電影最完美
的創意。

溫馨有感，熱情有感，激勵有感，勇氣有感，驚心動魄最有感。

悲傷有感，離別有感，心痛有感，寂寞有感，孤苦無依最有感。

有感源自於無感，有感一定來自於無感的過程。

有感很重要，可是覺知到無感更為重要。

吃飽有感，問題是身體在同時背負處理食物的沉重負擔，這部分
我們通常無感。

美食有感，問題是過量食用精緻食物所造成的廢物囤積，這部分
我們通常無感。

疼痛有感，問題是形成疼痛之前會有漫長的縱容和姑息，這部分
我們通常無感。

恐懼有感，問題是出現恐懼感之前有諸多的疑惑不確定，這部分
我們通常無感。

絕症有感，問題是絕症產生之前有長時期的不悅和怨氣，這部分
我們通常無感。

看到檢查報告上不正常的血糖值，當事人肯定很有感，有感自己
已經是慢性病患。

血糖不正常之前，有一段長達十年以上的胰島素阻抗形成期，當事人無感。

胰島素阻抗源自於過度頻繁的高血糖紛擾，通常就是三餐精緻澱粉。

長期的無感造就出更長期的有感，長期的無知造就了更長期的被動與無知。

必須承認無知，畢竟血糖異常的真相是居高不下的胰島素濃度。

看到檢查報告上癌症末期的診斷，當事人肯定很有感，有感自己已經不久於人世。

腫瘤癌症形成之前，長達十年以上的高胰島素刺激和脂肪敗壞期，當事人無感。

腫瘤癌症源起於過度負面情緒淤塞，當事人感覺自己有理說不清，有心事沒人吐。

長期的無感造就出更長期的有感，長期的情緒毒造就了更多的細胞毒和組織毒。

必須承認無感，理所當然和視而不見是人類最擅長的無感。

學習斷食，練習和身體對話，過往的無感轉成有感，有感於自己的勇氣，有感於自己努力有成。

‖ 有感很重要，可是覺知到無感更為重要。

059

頑固是人類最難治的疾病

片刻的靈感寫下「頑固是人類最難治的疾病」，想起這些年來的生命際遇，想到癌症和絕症之間難分難捨的關係，想到頑固為這些治不好的病追加了多少比重。病會治不好嗎？客觀分析不會，畢竟治不好又不是絕對治不好，最客觀的結論就是「難治」。人是獨特的生物，具備異於其他生物的獨特思辨，也具備其他動物所不具備的自由意志，人可以忠於自己的習性，也可以選擇自己離開世界的方式。

腫瘤和癌症存在同一種本質，說兩者是同一件事也成立，兩種元素促成了異常的組織發展，一是脂肪，一是情緒。脂肪和情緒一直糾纏不清的存在，說脂肪夾帶情緒聽起來不可思議，從脂肪的形成軌跡發現處處都有情緒的鑿痕。情緒好的時候要吃，情緒差的時候也吃，相關的情境中都有精緻澱粉的角色，這種人類獨創的食物順勢攜帶了人類獨特的隱疾，脂肪是成果，情緒則隱藏在成果的某個角落。

觀察頑固的足跡，頗能接受並且容忍頑固的存在，這終究是一種人類所具備的擁有。人有多麼獨特，光從身體的結構和設定都足以嘆為觀止，情緒光譜更是主導人類世界所有恩怨情仇的紀錄，進入靈性的層級，生命要求你我練習感恩和臣服，生命同時要求我們學習提升和超越。綜觀所有人類的病症，生命的軌跡都清楚記載著因果，情緒被我們無限放大，心性竟然主導著多數人的生命起伏，最終還是掙脫不掉的情緒依附在脂肪組織惡化的延展中。

改變可以在潛移默化中，也可以出現在明快的選擇後，兩種改變的足跡可以融合成一條成長的軌跡，是進步與提升，也是超越與重生。食物的喜好是最好的實例，來自於腸道菌相的改變，過去的美味不再是美味，過去不喜歡吃的食物變成喜悅的佳餚，這一切是怎麼發生的？整頓腸道是簡單的起心動念，一段時間不打擾身體是最基礎的重生起點。簡單卻也發現困難的對比，這就是人類的獨特性，這就是人類自由意志的展現，很不幸的，這也是人類身體內組織增生的最典型路徑。

想像腫瘤的處境，那是一種積習難改的狀態，生活面就是固守在舒適圈的習性，每個人都有機會領悟自己的舒適領域，最終總是得面對固守城池，還是棄守遠離。可以把生命所示現的所有情境集結成這一刻的選擇，用五年或十年的長度往回檢視，是改變讓我們成長了？還是頑固讓我們超越了？看不到自己的頑固是最可怕的頑固，永遠只看到別人的問題是最嚴重的問題，在認錯的眼

神中發覺癌症患者康復的力量，對身體懺悔融化了腫瘤的頑固，終結了頑固的腫瘤。

生命會在某一刻提醒我們時間不多了，生命也會在某一刻提醒我們珍惜每一次的相逢，感恩生命送給我身體的時間軸提示，讓我能夠在限時飲食的演練中珍惜與食物相處的每一刻，同時珍惜每一個相伴的身影。

‖　想像腫瘤的處境，那是一種積習難改的狀態。

060

你願意繼續這樣活下去嗎？

一位因車禍而昏迷不醒的人被診斷有可能終身成為植物人，妻子告知醫生他不可能接受長期臥床的事實，將在獲知真相後央求醫療方為他拔掉呼吸器。主治大夫在他清醒那一刻問他三個問題，前兩個問題是：「你知道你是誰嗎？」「你知道發生什麼事情嗎？」接著，醫師為他說明傷勢以及必須終身靠呼吸器並且臥床的事實後，提出第三個問題：「你願意繼續這樣活下去嗎？」

我們的身體並未遭受到撞擊，我們的腦部並未受到傷害，我們的脊椎並未受傷，我們還可以正常行走，我們還可以樂觀預言未來的美好人生。可是相較於這位即將面臨終身臥床的人，他清醒後被醫生詢問的三個問題一樣適用在我們身上。針對「你知道你是誰嗎？」我們真的知道自己是誰嗎？這個問題也許永遠都不會有答案，可能十年後才認識自己，可能在老年後才認清自己的天命。

針對自己是誰，問題可以繼續深入對於自己身體的陌生，我們對於身體的潛能和功能都極度陌生，名利是環境與社會教育的價值依歸，在功利環境的養成中，我們被引導至不認識自己的外太空。不知道身體為我們守護健康，不相信身體可以處理汙染，不信任身體一直在進行療癒和修復，我們的行為處處是捨本逐末的呈現，我們的態度一直在示範離經叛道的演出。

進入第二個問題：「你知道發生了什麼事情嗎？」似乎不是太難回答，可以換個問法：「你都在忙什麼？」或者問：「你知道生命中最重要的事情是什麼？」答案不在你的思考中，在你的行為模式中，在你的習慣中。生病的人多半不清楚發生了什麼事，真正發生的事情不是身體出現了異樣，是每天都在忙什麼事，是時間到了就得吃，是肚子不餓也要吃，是聽別人的意見養生，是仰賴補給品養生，是把自己的行為謬誤交給醫療去善後。

最後才進入：「你願意繼續這樣活下去嗎？」如果你很有耐心的閱讀到此，撰述的重點是人生的轉折，就在價值和典範的指引中，生命數度在前方示現十字路口，轉折點都在那一念之間。在我的生命旅途中，一度出現一個很容易決定也很不容易決定的十字路口，一條路寫著「為別人而活」，另一條路寫著「為自己而活」，這是一個遠離傳統教條的重大決定。喚醒養生意識是我的領悟，經過若干十字路口的抉擇，來到和身體對話的關鍵抉擇，我在「自律」的引領中收到「限時飲食」的啟發，也在「自信」的伴隨下宣導「自律養生」。

朋友們，你願意繼續這樣吃下去嗎？回答之前，讓我為你引介身體之道，一條距離你不遠的路，一條好方便卻又好陌生的路，一條我們非走不可的路。

「你知道發生了什麼事情嗎？」似乎不是太難回答，可以換個問法：「你都在忙什麼？」或者問：「你知道生命中最重要的事情是什麼？」

養生就從愛自己、相信自己開始，很簡單的一句話居然是深入身體世界十多年後的深刻體悟。「人關」是在病痛世界中悟到的結論，字面解讀是人的關卡，正確說法是病痛都源自於人與人之間的對立，進一步發現所有對立的源頭都是自己。先和自己對立，接著才和他人對立。棘手之處是多數人不承認對自己不信任，不開心的人也不知道其實是和自己不開心，人們先不接納自己，最終否定自己的人際。

人會說謊，這千真萬確，不刻意撒謊也不說真話，可能不方便說實話，可能真話會傷人，可能說出來得罪很多人。「不方便的真相」深度剖析地球所面臨的危機，結果是有太多的「不能說」，這些困境其實都從某個人掩蓋真相開始，都從一個人開始撒謊而延續。把地球版濃縮成人身版，我們所接受的教育制度中一旦缺乏自信心的教育，在競爭體制中，在優勝劣敗的養成中，很多人不需要擊敗別人而先擊敗自己，因為無法贏別人，被迫只好貶抑

自己。

不相信自己呈現社會化的存在，越是高度進步和競爭的地方就越能感受到人的不安，人在群聚中演練出信任，同時也存在不信任，不信任就類似黑墨汁，會造成嚴重的汙染。輕者猜忌、懷疑、忌妒，重者算計、設局、陷害，這不在小說電影情節中，也在社會的每一個角落中。我個人見證不願意進步和拒絕學習的態度，發覺猜忌和懷疑的對象多半是當事人自己，不認為自己做得到，當然也就不考慮改變的可能性。

自我否定的人通常不願意去思考後果，真正必須面對後果的時候就索性逃避，深自反省，在我個人自信不足的生命經驗中也有過面臨承擔的恐慌。把所有這些負面情緒整理歸納，就是我和他人之間的對立關係，最容易被忽視的，是自己和自己之間的對立關係。嚴格說，所有健康議題都可以追溯到自己和自己之間的模糊關係，以及自己和身體之間的陌生關係。當腦袋的主觀展現高度權力的同時，當事人否定了謙卑的自己，否定了最願意負責任的身體。

穿透人的偽裝，表面上堅強的人很可能相當脆弱，表現極度強勢的人有可能內心極度自卑，心理學家在抽絲剝繭中細部分析人的性格，多半從幼年的環境開始累積心理層面的不安。結果就是等候病痛在長大後的某一刻強力爆發，和別人對立是一種關卡，和自己隔離是另一種關卡，最終這些情結扣下病痛的扳機。務本之

道先和自己和解，然後願意從對他人絕對同理的練習中解放自己的心毒，愛自己的身體是一種最容易入門的練習，學習和身體對話，觀察身體在被疼惜後的回應。

斷食從來都不只是生理面的養生課題，它具備很深層的心理療癒，自信不會從天而降，是一步一腳印所培養出來。

心理學家在抽絲剝繭中細部分析人的性格，
多半從幼年的環境開始累積心理層面的不安。

當責　062

很多情況必須要追究責任，牽涉到國家利益，牽涉到公共安全，
牽涉到公司營運，一旦疏失而造成傷害，一定得確認責任歸屬。
疫情的發生存在深奧的啟示，就在極度失控的病毒擴散中，不再
是中央或地方政府的職責，全民都主動投入監控以及偵防的任
務。分析情勢的發展，在全民的集體意識中少有究責的元素，或
許是時間空間都不允許，或許是老天的重要提示，在大方向明確
後，究責的意義不大。

責任是一種自覺，該負起責任的人應該要清楚明白，等到他人提
醒才知道是自己的責任，就不是負責任；後果嚴重才驚覺是自己
的責任──當然也沒有負起責任。針對責任，我個人歷經不少階
段的考驗和鞭策，必須要善後的時候對於責任了了分明，從來沒
有推卸也不會逃避，卻清楚見證牽連到太多人。我的心得是負責
任談何容易，沒有能力就不該承接責任，沒有實力就不能承擔責
任，經營一家企業牽涉到太多人和家庭，發現經營不下去時願意

負起全責的企業主真的不多。

我們一生都在學習責任的養成，身為子女有子女的責任，身為學生有學生的責任，服兵役有身為軍人的責任，我在為人父母的角色學習最多，因為失誤最多。在明瞭養生的全貌後，回顧自己身為人父的演出，我所犯的錯早已罄竹難書，在孩子面前發怒是最糟的表現，不論是夫妻吵架或是處罰小孩，最離譜的表現是因忙碌而疏離了陪同。負責任一旦只能認錯和修補，雖然勝過不負責任，已經造成的傷害多半無法挽回，尤其是在人格缺損方面的傷痛裂痕。

很多女生在我面前聊起對於父親的不諒解，有些個案甚至用恨字形容和父親之間的情結，我總是奉勸要努力把這種情緒移除，否則受傷的絕對是自己。
為何都是父親的角色引發子女的怨懟，這裡暫時不探討男人一貫的自尊和自傲，這種劇本的面向一律都和責任的承擔有關，也就是不知責任為何物的人在撰寫遠離責任的故事。問題是責任角色的對立面，也就是赫然出現究責的一方，不能忽略究責者的情緒，不能忽視究責的一方所累積的心理毒素。

如果究責不是你的責任，為何你堅持要對方負起責任？為何你堅持不原諒對方？我知道你可以義正詞嚴的道出對方的犯行，可是你不知道的是這種情緒的破壞力，傷害的不是被你指責的一方，是你自己。在人與人的關係中，寬恕稱得上是最困難的修持，可

是期待擁抱健康的人都必須認知到認錯之餘，原諒是養生的必修學分。一生當中有太多不歡而散的際遇，想想人生過客何其多，既然緣分已盡，何必執著曾經不歡喜的對立，過去的就讓它過去，何妨聚焦在修補還得繼續經營的關係。

當責，不是究責，人際關係是屬於養生重要一環，認真看待責任也是健康的修行。

責任是一種自覺，該負起責任的人應該要清楚明白，
等到他人提醒才知道是自己的責任，就不是負責任。

063　墮落的力量

每個人心中都有兩個聲音，一個期許向上爬升，一個宣稱不要做夢。

每個人身上都有兩個力量，一個督促不斷進步，一個推說進步好難。

希望自己更好，卻不停在原地踱步，前進不了的力量從何而來？

實情是那不是源自於自己的力量，墮落的力量來自於希望你沉淪的地方。

我們就甘願受制於因果業力，還是寧可被看輕你的環境力量吞噬？

懦弱不是你的本質，猶豫不是你的特質，怠惰不是你的態度。

因為你不再是你，因為你積極進取的本我被綑綁了。

每個人都經歷過自我懷疑的階段，我行嗎？我可以嗎？我有可能嗎？

每個人都曾經努力過卻未能如願，算了吧！就這樣了！不要再想

了！

生病不一定是你的經歷，可是你一定看過別人生重病的樣貌。

幻想都不會生病，可能嗎？有機會嗎？人死之前不是都經過生病嗎？

沒有人希望你生病，只有你研判自己會生病，是遲早，至少不會是現在。

所以希望你生病的不是人，是環境，是一種人人都在生病的現象。

所以病是人創造出來的，生病的環境是人的思考搭建起來的。

成功的企業家留了幾十億財產給後代打官司，子女使盡全力爭奪財產。

頻繁進出法院的一家族被媒體拍攝近照，身體臃腫，面容憔悴。

很多人羨慕他們的家產，人生都不用再努力奮鬥是多麼美好的安排。

這就是人類價值觀的最大化，努力掙得原始不存在世界上的交易籌碼。

或者根本就不需要努力，因為只要一代努力就可以吃三代。

富翁抵擋不住疾病的糾纏走了，我們不關注他怎麼病倒的，關注他留下多少財產。

治病需要花很多錢，賺很多錢以確保身體不堪的時候獲得最好的治療。

你關心富翁留下多少財產，和你不關心自己的身體是相同的視

窗。

永遠只關心賺到的錢夠不夠用，就永遠不夠用。

永遠只關注哪位醫生比較厲害，你就有機會要面對這位醫生。

永遠只關注最近吃相是否變成身上的肥相，肥胖就是你的外相。

沒錢是結果，臃腫是結果，疼痛是結果，關注結果就全都是結果。

眼界短淺不是罵人，那是一種生態，那是功利世界必然的狀態。

一切都得靠贏取或掠奪，結果就是永遠在善後，結果才有吃不完的藥。

當醫生告訴病人你就永遠這樣了，就像老師告訴壞學生你一輩子沒出席。

勵志故事不陌生，為何不會發生在醫病關係的劇本中？

藥是毒都知道，藥有副作用也知道，一個病人每天十來顆藥丸入肚是什麼劇情？

如果這是一齣墮落的劇本，是病人墮落？還是醫生墮落？

墮落的力量從何而來？不長進的環境是怎麼形成的？

殺人需要執照是電影的名稱，現實生活中早已鋪天蓋地的在上演。

不論你的角色是哪一方，你都不是加害者，我們都是人類貪婪成癮的受害者。

進化如人，何來退化的行徑？

進階如腦，何來墮落的念頭？

搞懂生命和搞懂健康是同一件事，我們都得在正念的驅動下，不斷學習。

‖ 永遠只關心賺到的錢夠不夠用，就永遠不夠用。

064

婚姻與重症（上）

身邊多了不少不婚者，似乎兒子也打算加入這個行列，最近聽懂「大老婆俱樂部」的概念，卻也在「大老婆」的定義中看到時代的趨勢，好像婚約也不完全是唯一的藩籬。我思考的主題不一定是夫妻關係，也不一定是男女關係，很有可能發生在婆媳之間，也有可能發生在母子之間，唯獨婚姻在這件事情所占的角色和比重超乎所有人的想像。由於自己也扮演接受婚姻管轄的角色，也經歷過夫妻之間由關注和在意所牽動的情緒互動，對於癌症個案背後的故事突然有所領悟，這是罹癌當事人一生的修行課題。

情緒不是人的專利，卻十足構成人類世界的所有紛爭。身為人，你不會不懂何謂情緒，每個人多少都有過發怒的經驗，那是一種情緒無法控制住的引爆，好比開水煮沸的那一刻。怒氣引發出紛爭，很多夫妻動不動就大動肝火，甚至拳腳相向，從疾病的「面相」似乎可以指向肝臟的隱疾，是傷了和氣，也傷了身心，可是至少釋放掉了情緒。值得提出來討論的是生氣卻不發怒的狀況，

是那種隱藏怒火而旁人無從知悉的個案，是那種外表看起來沒事而內心世界有引爆大戰實力的戰備。

夫妻之間的戰火都有跡可循，多一些報備可以減少一些衝突，多一些溝通可以減少一些歧見，多一些同理可以減少一些非必要的摩擦。其實這些道理都懂，如何落實在生活中得建立一些認知，夫妻雙方都沒有傷害對方的意圖，事實上卻不停在傷害對方——一旦隱形的戰火持續存在。癌症的罹患率高得嚇人，我從眼前的個案看到一種性格取向，進一步從個案看到夫妻兩造之間弱勢的一方，所謂的弱勢經常就是隱忍的一方，也就是最終引發重症的一方。

隱忍源自於在乎，生活大小事分散了彼此之間的互動頻率，孩子是專注力的大宗，財務也同時是專注和壓力的方向，這是一種悶鍋效應。生病的人到底是受害者還是加害者，從責任的角度看到當事人必須自己承擔的部分，這是加害者，加害者是自己，可是把範圍擴及夫妻雙方，赫然發現另外一位加害者的身影。因為在乎而牽動了情緒，也因為在意而隱藏了情緒，情緒形成一種記憶模式，屬於留置在細胞層級的情緒汙染，很多人在確診後驚醒，也有不少人不再有機會醒過來。

沒醒過來不代表生命終止，這是環境所示範的不求甚解文化，這是醫療所示範的下游思維，在尋求治療的訴求中，患者的病因持續在運作，患者的心理素質持續在製造傷害。這是悲慘的事實，

生病的人不知道自己為何會生病，已經重症在身的人不知道問題所在，我們所擔心的現象是連負責治療的一方也提不出追本溯源的見解，病患接受了治療，病從來都沒有被根除。最可怕的事實存在於最愛的人同時也是引發病症的人，最驚恐的真相也許是造成病痛的人，同時也是經常責怪生病方沒有照顧好自己的人

所謂的弱勢經常就是隱忍的一方，
也就是最終引發重症的一方。

065

婚姻與重症（下）

在服務和輔導學員十多年的經驗中，有過不少位癌症患者出現在我眼前，少數幾位成功戰勝了病魔，多數卻沒能如願重拾健康。早期我曾經很詳實的記錄自己的觀察，把心得留在自己的書上，當初以「認錯」為題撰述罹癌者的康復轉折，這一部分的觀察至今沒有改變，要根除病源一定得從願意承認自己的過失開始。可是生病之後認錯有用嗎？來得及嗎？這部分的探討就進入個人修持，或許認錯還有程度的深淺，在更深層的探索中發現到固有思維的牽制力。

我的結論就是「對價」，這是一種根深柢固的思考框架，某個角度我看到承擔的闕如，某個角度就是人生格局的受限。「我有什麼好處？」潛移默化的深植於多數人的思考程式內，這裡面存在自己所認定的合理標準，過程中情緒會出現很大的波動。不論是憤怒或是不滿，不論是隱忍或是暴怒，癌症就是一種對價思維的產物，受害者情結就是對價的產物，癌細胞因無法解開的情結而

聚集，接著蔓延。

夫妻之間的對價論戰就活生生的每天在上演，從愛與關注出發，因為對價而不平衡，因為對價而不舒服，因為對價而必須論輸贏，因為對價而要求選邊站。在孩子眼前發生這些情節都在所難免，多數家長最容易忽略的就是這種完全不假思索的身教，演的沒有刻意，學的也本能的照單全收。這是我的成長環境，大人們之間的心戰和鬥爭都儲存在我的記憶中，類似的思考模式也就順理成章的複製在我的行為中。最可怕的事實是不想生病的人都在為生病鋪路，害怕得到癌症的人卻都爭先恐後的爭取進入癌症隊伍的機會。

繼續論述隱忍和弱勢的一方，身為男性的我必須為女性朋友再一次發聲，在我有限卻也豐富的生命經驗中，看到極度傲慢同時又孬的，看到極度強勢同時又缺乏承擔的，統計出來的都不是女性。可是最終承受重症侵犯的卻都是受盡屈辱的女方，這個統計大數應該不會有太大的翻轉機會，我們能做的只是提醒每一個案的當事人或另一半，除了照顧和陪同外，必須要回溯生病軌跡中製造病痛的角色，必須要知道自己有可能才是病痛的始作俑者。

婚姻是奇特的緣分，也有一說是業報，兩人關係之錯綜複雜可以想見。看懂婚姻和重症之間無法分割的關係，卻始終看不懂其中任何一方固守傲慢習性的城牆，造成另一方必須忍辱負重到病倒。如果你有類似的困境，那就是你必須要突破的生命課題，建

議你研修豐富心法，從宇宙資源無窮的存在去深思生命存在的道理，同時貫通每個人都有屬於自己修行學分的道理。豐富心法提供重要的心念練習，在眼睛所看到的世界中沒有任何競爭以及對立的對象，除了練習接受已經發生的事情，也得練習正面預期尚未發生的事情。切記，改變的對象只有一個人，是你自己，不是你既愛又無法容忍的親密伴侶。

最終承受重症侵犯的卻都是受盡屈辱的女方，
這個統計大數應該不會有太大的翻轉機會。

066

對價（上）

夫妻吵架了，聽聽他們之間的對話可以理出所有生命問題的本質。

妻子說：「你難道不知道我為家裡付出了多少？全家大大小小的事情難道不都是我在張羅？」先生的說法是：「要不是我在外辛苦賺錢養家，你告訴我妳要怎麼付出？」

把這麼簡單卻又充滿火藥味的對話放大到人世間任何兩造之間的爭執，似乎存在一些共同的思考脈絡，既可強烈感受到立場的堅持，又可以體會到努力和獲得之間的明確對價。

衝突無可避免，生病也無可避免，因為堅持也無可避免，源自於思維模式的養成沒有修改調整的空間，一種無法掙脫的對價思維很可能綁架了我們一生。

再回到吵架的這對夫妻，他們有一段如膠似漆的熱戀期，彼此對話中出現「我愛你」的真心話不少於數千次，是愛變質了嗎？是愛情走調了嗎？還是愛存在不同層級的定義和解讀？

當我們對著另外一方說出我愛你的時候，有人形容是天雷勾動地火的一刻，在尚未練就同理聆聽之前，這種碰撞在一起的愛是美麗的巧合，可以是人生最燦爛的機緣，也可能是重大考驗尚未蒞臨前的平靜。

當愛情出現了對價，當為愛付出期待有所回饋，在爭執中所說出的話就顯示出這份愛情在心中的地位，是有條件的愛，不是不求回報的愛。

不求回報在一般商業領空中幾乎是一種蕩然無存的概念，可是在我們與大自然的互動關係中，空氣、陽光、水予取予求，大自然中存在身體所需要的無窮生命資源，曾幾何時這種豐富感不見了？

豐富心法是源自大自然無窮資源而存在的心念，取之不盡且用之不竭本是生命的條件，這是生命的大愛，是上蒼最慈悲的給予。

生命教育一旦沒能提供相關的養成，在成長過程中所接受到的學習不是努力與成績之間的對價，就是努力與學位之間的對價，最終連愛都得秤斤秤兩，連父母親都會對孩子要求教養的回報。

因為第一名只有一位，總經理只有一位，結婚對象也只有一位，這種印象終究是一種環境的養成，因為必須競爭，所以不足，因為必須要贏，所以對立。

因為要贏，所以必須要做給別人看，所以必須要有不凡的表現，這是一條遠離自己的途徑，我們終究在這種環境中變成和自己完全不一樣的人。

說這是人最終生重病的源頭，很多人深覺不可置信，可是這裡面存在的是身為人的本質問題，有大自然豐富資源的設定，也有清楚自己是誰的設定。

必須和別人競爭，你就不是你自己，因為我們的競爭對象從來都不是他人，只有我們自己。嚴格說，我們也不需要和自己競爭，只要不斷的提升和超越自己，這是每一位認識自己而且愛自己的人會做的事，會走的路。

必須和別人競爭，你就不是你自己，
因為我們的競爭對象從來都不是他人，只有我們自己。

裝飾，就失去原樣；掩飾，就一定失真；偽裝，就會認假為真；戴上面具，就成為另外一個人。可是，萬一從來都不知道自己正在偽裝，我們有沒有可能就這樣一輩子扮演完全不是自己的另外一個人？有沒有可能從懂事的第一天起我們就開始飾演別人所設定的那個人？

釐清這一切真相之後，驚覺自己非常有可能就這樣渾渾噩噩扮演父母親最中意的那個兒子，也就是那個給足父母親面子，那個讓父母親永遠稱心如意的乖兒子。

所謂真誠並非真誠，表面上的真和內在本質的真終究是不一樣的真，過去誤以為真誠待人的我終於遠離，那個存在對價念頭的我早已改頭換面。

回到不求回報的真愛，回到不計代價的付出，沒有對價是真正的本我，是力求身心靈平衡的生命本質，是願意把生命價值充分展現的自己。

不求回報不是沒有報酬，是念頭中不以獲得報酬為目的；不計代價是以事情的價值和重要性為選擇的依據，是以利他的方向和最大化為思考的準則。

父母親對子女的愛就是不求回報的典型案例，有可能存在不計代價的起心動念。可是由於觀念和價值觀的偏差，父母親對於子女的無條件奉獻卻可能帶給子女無可彌補的傷害，譬如餵食的方向有所偏差，譬如強制子女做不符合他們價值的工作，譬如勒令子女不准成為他們真正的自己。

父母親的價值觀不僅影響孩子的一生，同時影響孩子的健康，可是從我個人的成長環境放大檢視民間的家庭教育，哪一位家長不「禁止」了？哪一位家長不「比較」了？哪一位家長不「規定」了？哪一位家長不「限制」了？哪一位家長不「對價」了？

從要求孩子吃飽吃多意識到「毒害」的無所不在，最嚴重的毒害還不在身上的囤積，而是價值偏差所造成的認知遊走。在獎懲的條件交換環境長大的孩子最終變成對價的高手，所有人都生活在「條件交換」和「算計成本」的思想和習慣中，不禁讓我回想起高中時期在分數上和老師斤斤計較的日子。

我們或者在「勇於做夢」的鼓勵中長大，可是包括學校老師在內的長輩們都不時在言談中釋放「不要做夢」的訊息，想起當年身處「升學班」是如何看待「放牛班」的？想起被分配到「資優班」會如何評價「非資優班」的同學們？

思考模式停留在「不足心法」的同時，因為消費誘惑和物欲而放

大了自己的信用，一輩子停留在缺乏和有限狀態中，將導致徹底遠離「豐富心法」的本我，最終不是憂鬱，就是被癌症剝奪美好人生。

所以，當擁有專業和權力的醫生用恐嚇性的言語剝奪病人做自己的權利，當他們進一步告知病人必須終身和病痛為伍，甚至透過不是真相的經驗值告訴病人即將死亡，這是對價教育最不堪的劇本。

做自己可以是辛苦的過程，回歸本我可以輕鬆的跨越，這是一念之間的轉換，也是視窗移轉最美麗的畫面。

用領先指標取代落後指標是一念之間，用生命取代營養是一念之間，用方向取代方法是一念之間，用無限思維取代有限思維是一念之間，用本我取代假我是一念之間，用身體意識取代大腦意識是一念之間。

不求回報不是沒有報酬，
是念頭中不以獲得報酬為目的。

068

對價（下）

如果我們不曾釐清生命價值，人生就只顧著忙錢和情兩種事，也就是當我們不清楚生命中還有比錢和情還要重要的事情時，就會進入跟錢和情對價的習性。

當面對要為一件事情做決定時，明明清楚這件事的重要性，卻很本能的拿出計算機來計算成本。這不是對錯的衡量，是習性和腦袋制約的魔力，是落後指標的環境所訓練出來的逃避責任思維。當金錢和費用成為眼前的障礙時，就該轉個彎，就該換個視窗看待自己的人生。或許就是該為自己的人生做出重大抉擇的時候，當做每一件事都必須考量付出和收穫的比例，當對自己沒有好處的事情就不是自己的最高意願時，停滯就永遠是人生的狀態。

為錢而活以及為情而活都不是為自己而活，錢和情的確是世俗環境中最大規模的誤解，當這兩者的重要性凌駕一切時，我們都在為別人而活，為自己而活就會遠離錢和情的束縛。

舉親情為例，為子女勞心勞力很正常，為子女而赴湯蹈火更是每

一位為人父母的心念，可是即使是親骨肉，子女終究不是自己，子女遲早要獨立翱翔。自己是身心靈的整合，除了養育子女外，自己存在無法抹滅的價值，可是就在專注於錢和情的過程中，自己從來都不存在。

當夫妻吵架都在堅持自己的付出努力時，當勞資為各自的立場爭論不休時，應該要回溯整體社會價值觀的迷失，我們從小在父母親的獎罰條件中學習對價，社會教育引領我們遠離自己，這是人類疾病的最大面向。

人最大的價值在奉獻，不是獲得。以企業家為例，企業最大的價值在創造就業機會和正向的社會教育，可是我們對於成功企業家的視窗都是企業規模和獲利能力，放大到每一個行業的每一個角落，處處都是落後指標的影子。

舉證照的例子，考取證照靠努力和實力沒有問題，我們透過證照來爭取工作機會和專業認同也不會是問題，可是當證照形成一種社會價值，當證照成為一種生存的依靠和指標時，很多努力爭取證照實力的人其實並不知道自己為何要這麼做。

如果證照的價值超越了資格和專業，如果證照不能帶來更多的服務和喜樂，如果證照等於更多錢，證照永遠還是證照，擁有證照的人本質上和證照沒有任何的連結。

我們很有可能為了傳統的價值而擁有證照，我們也有可能為了家族的名利而爭取高學歷，我們很有可能不是為了自己而努力爭取非常多的擁有。最容易讓人們遠離自己的就是這些外在價值，這

些誘惑我們全力以赴的標的可以出現不再有價值的一天——如果沒有了健康，如果沒有了自己。

我們的確從他人的肯定而展現價值，我們也因為他人的需要而奉獻專業，我們所扮演的每一個角色都因為他人而存在，父親的他人是子女，妻子的他人是先生，客服的他人是顧客，老師的他人是學生。把自己的角色扮演好屬於自己的責任，我們扮演好父親的角色不是因為有子女，是因為扮演好自己，是成為真正的自己。老師不是因為有學生才是老師，老師是因為愛學生才成為老師，老師是因為愛自己才會愛老師這份工作，也才會愛學生。

我們一旦為了錢而工作就不是為自己而工作，這句話成立的機會在工作只是單純提供收入而不是提供樂趣，否定這句話的機會在為自己的志趣和熱誠而奉獻自己的專業和時間。

有能力賺很多錢是非凡的成就，這件事的存在價值不會在一個人的獲得，在一群人的付出和喜樂。

當一個為自己而活的人賺了很多財富，同時存在的一定是更多為自己而活的人賺了很多財富，財富是價值、健康、幸福等金錢買不到的東西。

‖ 為錢而活以及為情而活都不是為自己而活。

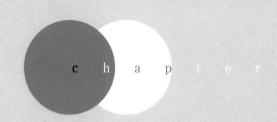

c h a p t e r

第七章

索命效應

（身垢）

「為什麼心臟病和癌症在同個家庭中流傳，因為，家中每一個人的腿，都擺在同一張餐桌下！」

——《和平飲食》／威爾·塔托

索命效應

深入食物的本質，同時也是生命的本質，是能量，是流動，是活絡，是原始的設定，一句話結論：食物是生命。

進一步申論，食物理應是生命，食物的本質是生命，生物與生物之間存在生命的流動和延續，生命的交接與傳承有賴最基本的能量單位——是生命酵素，還有維繫所有生命運作的細菌。再進一步討論，當食物不再存在生命，當沒有生命的食物在生物之間傳遞，當缺乏生命的食物變成人類的主要食物，世界已經因生命的破壞而巨幅變動。

深入食物的生命被破壞的現場，那是廚師和家中掌廚者工作的場域，加熱是廚房的基本配備，點火源可以是瓦斯也可以是電，火促成各式食物的融合，同時創造出屬於人類創意的佳餚。

高溫瓦解食物中的生命酵素，徹底終結食物中原始的生命動力，在美食者的觀點中，食物是否具備生命不是一個必要議題，在所有現代食客的認知中，料理的層級和美味的程度才是留在大腦記

憶體的要素。美味和精緻化不一定成正比，卻必然伴隨，重視表層感受的食客經驗不斷被放大，現代人的每一餐都對身體製造不小的衝擊。

把食物生命被破壞的事實拉到身體內，我們從未思考過的「索命效應」早已上演良久，代謝缺乏酵素的食物必須挪用身體的酵素；綜觀熟食變成文明世界一種積習的事實，我們在廚房剝奪食物的生命，食物接著剝奪食客的生命。人類習慣依照陋規來建立規章，一日三餐不等於一日精緻三餐，我們的飲食頻率對應每一次端上餐桌的食物，身體的燃料運用系統和能量分配系統脫離原始的基準，身體用於消化的所有酵素材料大量掠奪其餘代謝系統的原始配額，我們在美食文化的依伴中勾勒身體的失衡以及病痛的降臨。

人體的「酵素潛能」被研究酵素的學者定調，在有限的資源中被無限提存，當然會有用盡耗盡的一天。福禍必然相倚，順逆必然依序，放大了福就加強了禍，過度的順境就預言了抵擋不住的逆境，飲食饗宴的空間依然存在法則的監控。掠奪的總得歸還，歸還食物生命誠屬合理，當我們為食物保留了生命，食物的生命就滋補我們的生命。

生命資源存在於大自然的版圖中，我們應該學習移轉食物的生命，而非解構食物的生命，解構的工程從廚房移至消化道的結果，身體自然會有因能量不足而罷工的時候。

料理過程移除的食物水分，食物接著從身體裡面換取，補充水分的概念除了身體的代謝需求外，別忘了還有源自於食物的反制，這也是熟食「索命效應」其中一部分。

美味和精緻化不一定成正比，卻必然伴隨，重視表層感受的食客經驗不斷被放大，現代人的每一餐都對身體製造不小的衝擊。

每到過年都會大掃除，除舊布新帶給人們一種重新來過的希望，過程中感受到的不是辛勞，是喜悅。每年都會丟掉去年整理時被保留下來的文件或物品，這些東西躺在那一整年，實況是我們不再需要用到它們，譬如說衣褲，如果去年決定捐出去，或許這一刻正溫暖著某個人的身軀。那麼去年的念頭和今年有何差異？去年執著了什麼？今年又釋放了什麼？比較體面的說法是捨不得，這種解釋背後的實況其實是一種自我安慰，正確的解釋是我們好貪，可是沒有勇氣承認自己貪婪。

生命很短暫，我們或許都理解，或許也都不全然領悟，我們經常把生命浪費在完全沒有意義的事情上，沒有意義最終是自己的裁決，有沒有意義不由他人定奪，由自己歸納。買了一堆不穿也用不上的衣物，這些東西從進家門後就占據一定的空間，以後用得上或穿得上是當初的判定，一直沒機會用或穿是後來的經驗。花錢或許是小事，占掉空間卻不是小事，空間只要被物品占據就失

去流通，可能是衣櫥的某個角落，可能是抽屜的底層，可能是冰箱耗掉電能的重大消耗來源。

你難道從來不知道積少成多的道理？你難道從來沒聽過積沙可以成塔的說法？你難道從來都沒經歷過小不忍則亂大謀的生命教訓？真相是我們都健忘，健忘不是病，是腦部記憶的重整，最懂得汰舊換新的區域就是大腦的記憶庫，我們一定會忘掉藏匿在家中各個角落的堆積。忘掉它的存在不是病，它的存在卻是可怕的病原，堆積究竟是一種耽誤生命也耽誤健康的習慣，堆積在倉庫，堆積在冰箱，堆積在身上，堆積在欲念中，堆積在不斷擴張信用的貪念中。

我們或許都聽過「怒傷肝」，生一次氣算小事，發一次大怒或者也可解讀成小事，可是一天又一天、一年又一年的堆積就會出事。深究一張肝臟腫瘤的圖片，可以看懂所有病症的全貌，除了幾千顆毒垢外，就是一團又一團的變質脂肪，而真正把這些物質集結在一起的就是一次又一次的氣結，最嚴重的就是內心深處對特定對象的仇恨。人最不為旁人知悉的就是隱藏的情緒，最嚴重的不是情緒上的低迷，是情緒中的對立，最被忽視的毒素囤積就屬誤以為無傷大雅的憤怒之火。

我們都不想空過一生，生命被毫無建樹的事情占據就是空過，正確的說法是生命被無關生命價值的事情掠奪，堆積最終被自己解讀成浪費，好比堆積毒素在身上而折損了健康。忙不是壞事，忙

要忙出更多時間，不是忙到沒有時間，沒有了健康就沒有時間，生命等於時間，健康也等於時間。忙於堆積就消耗時間，必須騰出時間來清除堆積，清除堆積需要時間，生命等於時間，耗損生命就是耗損健康。

最嚴重的病症是持續堆積，是不願意騰出時間來清除堆積，是不承認堆積折損了生命，是不相信堆積障礙了暢通，也障礙了健康。

堆積究竟是一種耽誤生命也耽誤健康的習慣，堆積在倉庫，堆積在冰箱，堆積在身上，堆積在欲念中，堆積在不斷擴張信用的貪念中。

剝奪

經常會想起很多熟悉的面孔，想到他們逐漸凋零的體能，想到他們持續堆疊的血管壁，想到他們不曾停止配送的內臟脂肪，想起最具代表性的一句話：「要我不吃，我就是做不到呀！」學習不吃是釐清身體脈絡之後的必然覺知，沒有詛咒朋友的意圖，身體的因果橫豎就記錄著，已經不再是做得到或做不到的問題，是相信或不相信的問題。我所體會的不是一種理論或一種主張，屬於身體的原始設定，是身體所存在的自然法則，是身體所設定好的生命分配準則。

剝奪的就得歸還，這是現代人養生版圖的重要提醒，剝奪什麼？從食物的生命到自己的生命，從美食的慰藉到生命的持續耗損，我們只顧眼前的需求，忽略了生命的長程發展。時間是生命的一種量尺，健康何嘗不是？這兩種價值在多少人的生命中瞬間遞減，覺醒的瞬間才發現不曾好好珍惜，想好好擁抱的時候才知道所剩不多。我個人年輕時也是虛度生命的高手，追著錢和名相，

想著財富和成就，針對健康也就隨波逐流的進補，認識身體時赫然發現年紀已接近半百。

體悟到人生投注在追逐報酬的後果，報酬是一種特定目標，收入是一種成就指標，物質生活的呈現和想像幾乎占據腦袋的所有空間，被獎賞所懲罰還沾沾自喜。被獎賞懲罰，感覺抽象或不合理，因為你沒經歷過；想起一位博士級的直銷大老，曾經在我眼前描述身體是多麼欠缺各種營養素，他每一餐餐後要吃一大把營養補給品，其中不乏台灣還不能進口的特殊營養成分。結果這位前輩在後來生了重病，也早已離開人世，他吃營養品的動機來自一種獎賞環境，我知道還有非常多的朋友在這種氛圍中消耗生命。

話題還是得回到時間和健康，工作賺錢沒有問題，為了業績獎金拚鬥也沒有問題，重點是當這一切占據了生活的全部，生命就進入無止境的競逐，好比越多越好的欲望版圖。當出現提醒的聲音，瞬間出現強而有力的反制聲音：「不這樣，錢從哪裡來？」「我苦命，一切都要靠自己努力！」有點類似談身體大格局的時候，聽到的人只想到：「肚子會餓呀！」「要我一餐不吃不如叫我去死！」在不經意的對立中，時間過了，健康去了，生命也提早告吹了。

不能不吃屬於腦袋的思辨，必須要休息屬於身體的立場，時間給了後者，健康就累積，時間還給身體，健康就由身體重新定義。

吃在絕對大多數人的概念中是一種獎賞，一樣的，我們對於獎賞總是欲求不滿，越多越好在生命的軌跡中終將以悲劇總結，因為理所當然和越多越好都是人類的病態思維。幾位長期和我「打太極拳」的朋友再度進入我的思考，不論男女，肚子一天比一天大，身體當然也是一天比一天衰退。真心期盼他們能換個視窗看待自己的人生，身體記錄著，一天過一天，今天比昨天低迷，也殘破，也窘迫。

從食物的生命到自己的生命，從美食的慰藉到生命的持續耗損，我們只顧眼前的需求，忽略了生命的長程發展。

工地開挖，附近道路來往車輛行人都繃緊神經，砂石車大軍壓陣成為短期內的夢魘。如果你有開車跟在砂石車後方的經驗，留意到砂石車對於道路的凌虐，除了土石的掉落外，還有龐然大物帶給道路景觀的壓力。除了人有感受外，建築物內的寵物也有感受，路旁樹木也有感受，鳥類昆蟲也有感受。為了一棟新建物的落成，建商無所不用其極的製造紛擾，民眾也願意承受短暫的困擾，不適應總會過去。

腸道空間的住戶是細菌，細菌也形成部落，細菌也有屬於自己的領空，可以占地為王，也可能被環境驅逐。腸道空間的砂石車是精緻食物，是大量的熟食，是不斷輸送進來的人間美味，被腸道砂石車凌遲的第一線是無辜的腸道菌叢，接著才是腸道的黏膜組織。不去分析食物的種類，光是食物不停輸送進來的承載重量就值得我們同理腸道的壓力，吃三餐看似正常，唯獨一波又一波的食物團重複堆疊的結果，我們必須聯想到路上的砂石和坑坑洞洞

的馬路。

在一般人的經驗值中，從結果論看到腸道處處是息肉，沒有機會從這些組織增生去反思生活作息的問題所在，更不可能有機會反思到每日吃三餐的時間和物理效應。從胃腸科醫師的角度，人人都有腸道息肉是一種文明現象，從淨化的經驗，人人腸道都有宿便是一種現代人重視吃的必然結果。便祕是一種現象，息肉是一種現象，腸道髒亂是一種現象，接著自體免疫就成為普及率高的現象，睡眠障礙也成為血清素不易轉換成褪黑激素的必然結果。

痛定思痛是面對腸道失衡的立足點，真正的痛點不是吃三餐這麼稀鬆平常的習慣，而是無法改掉吃三餐的習慣，也就是無法革除被飢餓感控制，以及被飽足感凌遲的習慣。

這個議題可以放大到社會每一個角落，沒有所謂午餐店和晚餐店，唯獨早餐店處處都有，享受早餐的據點處處都有，一群人幸福的吃著早餐的畫面處處都在。這個主題的癥結卻又不在早餐，而是延續後的中餐和晚餐，可是光是把三餐拿出來公審也無法論及事情本質，我們都必須繼續深入因為血糖震盪所導致的胰島素阻抗現象，看似遠離了腸道的領空，可是結局有可能再度回到腸道的汙染和病變。

問題總是，有多少人願意正視吃早餐背後深層的健康隱憂了？有多少人可以把重視吃早餐的現象延伸到大腸鏡檢查的息肉欄上的

勾勾？有多少人願意接受持續供應身體食物所製造出來的後端事故？如果工地附近的警局出來規範工地單位一天只能提供一段時間進出砂石車，這不就是身體最希望我們配合的行為？身體要的就是給它一段時間清理路上的髒汙，不要一直迎接砂石車。

從胃腸科醫師的角度，人人都有腸道息肉是一種文明現象，
從淨化的經驗，人人腸道都有宿便是一種現代人重視吃的必然結果。

073　好累

想到一種很熟悉的劇情，工作一天後帶著兩種感受回到家，一種是好累，另一種是好生氣。

感覺很陌生嗎？應該不致於，可能是自己的經歷，可能是自己親眼所見，我們都見證過疲累和生氣膠著，我們也都經歷過勞累和情緒交錯，只是沒有機會知道兩者交互作用最終的落點。生氣不一定和疲累相關，可是生氣卻加重了疲累，生氣擴大或延長了疲累最後的效應。

想起胰臟的際遇，想起胰臟無端的承受，想起好忙和好生氣，想起人類的意識，想起人類的無明。故事的源頭在稻米或是小麥已經無須考證，或許故事得從那一隻不小心被大火烤焦的小豬說起，或許故事也得追溯到鑽木取火的時代，或許這些都不再重要，故事的重點是餐桌上時時勾引我們食欲的澱粉類美食。

胰臟好累是故事的主軸，問題是胰臟沒有話語權，胰臟的職責是承受，它被賦予的工作是做到不能做的那一刻。

胰臟是否有生氣的權利也無須探討，畢竟它生氣也無從釋放情緒，重點是胰臟在生什麼氣，重點是它不會生氣，卻不得不有氣。

想像屋子外積雪，厚重的雪擋住了門窗，門窗無法打開不說，屋子裡面的人根本不可能出得了門。想像有人惡作劇用塑膠袋套住你的頭，只有五秒鐘就不再有氧氣，你一定使出那一刻最大的力量掙脫頭上的束縛。

你可以生惡作劇那個人的氣，問題是你沒有時間生氣，你也不可能生屋子外積雪的氣，可是對於無法出門卻有說不出的氣。

胰臟生什麼氣？因為它使盡力氣要掙脫覆蓋在表面的那一層脂肪，因為一股莫名的壓力壓得它無法正常工作，因為荷爾蒙無法正常分泌變成一種壓力，因為消化液無法順利流往十二指腸形成異常沉重的負擔。

胰臟其實不解人何以每天都吃三餐，胰臟不解何以食物要搞得如此精緻，胰臟不解何以每餐都要交給身體這麼多的葡萄糖，胰臟更加不解何以從肝臟轉出來的脂肪會多到它也得承載這樣的重量。

這一刻是胰臟宣稱「好累」以及「好生氣」的時候，這一刻至少經歷了四十年的每日三餐，這一刻至少經歷了三十年的葡萄糖轉換成脂肪儲存，這一刻至少經歷了二十年的胰島素失衡，這一刻至少經歷了十年的吃到飽和餓到手發抖。少則四十五歲，多則六十五歲，胰臟的生命即將終結，肝臟也隨時準備宣告玩完，你依

然可以堅持每天吃三餐，可是胰臟和肝臟絕對不會無條件配合下
去。

胰臟其實不解人何以每天都吃三餐，
胰臟不解何以食物要搞得如此精緻。

074

肝和胰的無間道

從飲食習慣切入養生議題，最不該省略的除了食物的精緻化程度外，就屬肝臟和胰臟的承受。思考膽管和胰管在結構上的合作，有節約的概念，有高度的創意，有專注的默契。想像消化路徑和參與器官的配置，膽汁和胰臟消化液的目標一致，索性在十二指腸開了共同入口。食物的消化少不了來自肝臟的膽汁和胰臟的消化液，不同的方向卻目標一致，兩種液體結合在一起，兩個器官終身結盟。

消化的原始構思是彌補食物酵素的不足，發酵是食物分解的大宗，委由食物自行小分子化是大自然的原始規畫，最高意識或許沒預料到人類貪婪的版圖和極限，抑或早就看到人類這一段自我毀滅的命運？熟食的精緻化考驗著肝臟胰臟的耐受程度，熟悉肝臟胰臟負擔的人都能意會自我毀滅的描述。我們有多重視精緻澱粉，這兩個內臟就有多大壓力，我們有多重視美食，這兩個器官就有多大的負擔。我們所熱衷的食物不僅讓相通的兩條管線忙

碌，也讓輸送至血液的荷爾蒙通路忙碌，失序在腸道，失衡在血液，失去生命在源頭的肝臟胰臟。

肝臟和胰臟協議好經營血糖平衡，糖分多了由胰臟介入，少了由肝臟處置，在現代人的飲食生態中，針對消化的需求量，胰臟絕對是最勞碌的器官。值得深思的是人類的餐飲發展趨勢，兩個輔佐消化和血糖平衡的角色被食客當派遣工使喚，聽從飢餓感的召喚，順從美食行銷的誘惑，感官停留在嘴巴和大腦記憶，身體的感受完全不存在。我們都得趁早覺知到身體提早敗壞的路徑，從稻米小麥的大量種植到每一道精緻澱粉的食欲勾引，再進入每日三餐的持續需求和輪迴。

肝臟大量的毒垢囤積最令人匪夷所思，不分中西也不分種族，不分國界也不分性別年齡，看到真相的不知道原因，相信的不解毒垢何以如此可觀。現代人透過飲食習慣發展出高胰島素血症，結果胰島素引出了更多的脂肪儲存動線，肝臟的毒垢和脂肪脫離不了關係，當然和胰島素也脫離不了關係，不單純是身體大量處理食物的後遺症。我們得繼續在廚房的料理方式中搜尋蛛絲馬跡，繼續對比廚房抽油煙機的毒垢和肝臟膽管內的毒垢，難解的習題似乎存在提供真相的脈絡。

肝臟胰臟聯手合作的事實造成兩個器官在相同個體內的接續敗壞，在不養生的人身上，這樣的結局不能稱是意外，最讓人不解的是從肝臟不小心離開的一顆毒垢。只是一顆毒垢，我們戲稱它

為肝膽結石，它不規則的形狀在進入腸道口的關卡停住了，前進不了，也後退不得。稱之為壺腹的共同入口，意外堵住了胰臟消化液的動線，很多臨床上胰臟的急性發炎起源於一顆毒垢所引起的消化液回流。

兩個器官的通力合作，兩條管道的完美結合，抵擋不住一顆石頭的意外降臨，這不是彗星撞地球的故事，是習慣牽動因果的插曲。

肝臟胰臟聯手合作的事實造成兩個器官在相同個體內的接續敗壞，在不養生的人身上，這樣的結局不能稱是意外。

075

消化債

走進水果店買水果有一種在能量堆中的感受，沒有華麗的裝潢，經常會伴隨著外面的車水馬龍，會有一種水果香讓你駐足，也會有特定的一種水果勾起你的購買欲。我們都吃水果，相信沒有人排斥吃水果，不管你挑軟的或硬的，不管你挑水分多的還是少的，吃自己喜歡的水果肯定會心曠神怡一番。可是問題來了，我們到底要從水果中得到什麼？特殊的營養需求嗎？還是只要好吃就好？或者吃水果是你補充水分的方式？或者你就是靠吃水果養生？

食物中有一種生命元素，它存在於水果店裡面，不存在於自助餐店裡面；它存在於 To Be Smoothie 和 Miacucina 裡面，不存在於 Pizzahut 和 McDonald 裡面。這個元素的真正名稱是食物酵素，你稱它為生命酵素也不為過，這個元素提供我養生觀全面顛覆的契機，我在酵素的講堂中以生命詮釋這個存在食物中的活性蛋白質，一個過往人生幾乎不認識食物酵素的人，竟然在一次的斷食

體驗後覺知到生命酵素的無窮威力。

回到我們對於水果的需求，在甜不甜和有沒有水分的考量外，這個食物的價值在它的生命，在給我們營養的過程中沒有剝奪甚至於損失身體的生命。看到水果店旁的傳統市場，不去比對店家的多寡和食物的多樣性選擇，民眾購買水果的成交數相對減少很多，油炸的、炒的、蒸的，不是買蘿蔔糕就是買包子，不是買肉粽就是買炸雞腿。我們有必要思考的是民眾購買食物的需求何在，我們希望從這些傳統美食中得到什麼？我們真是營養需求？還是飽足需要？

我們真要食物中的營養嗎？有沒有一種可能，我們不但沒有獲得食物中的營養，反而失去更多的營養？大量吃熟食的人無法顧及腸道健康，腸道吸收營養的環境不復存在，身體因為處理食物而耗損的酵素反而需要更多的營養素來彌補，這是發生在每日三餐熟食者身上的惡性循環。因為我們早已忘掉營養需求，一味滿足身上的飢餓傳導，以及食物留給大腦的美好記憶，泡麵文化就在這些需求中占據不小的消費市場。

健康和食物中的生命元素無法取捨，不重視食物中的生命就是不重視健康，不需要食物中的生命就一定會失去健康。沒有生命的食物不是不能吃，是身體沒有能耐允准我們三餐都這樣吃，人們都在崇尚營養和滿足飢餓需求中折損了生命，身體最迫切需要的營養是生命營養，是酵素能量營養。就在食用沒有生命食物進而

為了處理食物而掠奪身體生命的迷失中，人類創造了獨門的消化債現象，進而擴展成人類世界獨有的文明重症。

分析人類的生病軌跡可以理出一條主幹道，經由它發展出可觀的專業和工作機會，經由它發展出串聯食物供應鏈的商業版圖，經由它發展出無止境的歡樂和滿足，這條主幹道否定了食物的生命，改造了人類的生命品質。無視於這條路徑存在是你的權利，可是阻礙身旁的人看到健康的本質不是你的權利，不疼惜身體的人如何能疼惜自己？不愛自己的人如何愛別人？

人們都在崇尚營養和滿足飢餓需求中折損了生命，
身體最迫切需要的營養是生命營養，是酵素能量營養。

在高速公路上暢行無阻，突然發現前方速度逐漸放慢，直到所有
車輛全都被迫停車。這一停三小時，原來前方發生連環車禍，有
幾十部汽車、卡車、遊覽車撞成一團，整條高速公路單向回堵將
近上百公里。如果你是被塞在車陣中的車主，想必會很懊悔選在
這個時機上路，導致整天的行程因此而延誤。

回堵的樣本不陌生，浴室的排水因毛髮堵塞而回堵，馬桶的糞管
因異物堵住而回堵，想想身上那一條消化道，有可能只剩下一個
車道可以通行，是否有可能腸子淤塞到回堵了？

我們吃是因為腦袋想吃，還是身體想吃？問題的解答在便祕患者
的行為中，他們都很難排便，沒有很難進食，可能三天才上一次
廁所，可是這三天依然照時間進食。不是嚴重便祕的你當然也不
應等閒視之，進與出必須要平衡，理論上一天的排便狀況不順就
有必要在進食的行為上節制，可是一般人不容易理性自律回應腸
道的狀態。

進一步檢視這麼多被胃食道逆流所困擾的個案，胃部空間和腸道空間真的互不干預嗎？以消化道的結構分析，腸道的汙染和淤塞是否有可能影響到胃部的運作呢？

由於推廣講授斷食，讓我有機會接觸到很多斷食執行者的口氣，證實在腸道環境大規模整頓的同時，環境中的氣體味道往上擴散至嘴巴釋放。即使結構有所改變，即使從食道到腸道的結構和功能都不盡相同，可是管道畢竟相通，除了證實環境中的氣體無孔不入，必須認知到回堵的狀況實質存在。

如果回堵是一種生命現象，如果回堵是一種生活中我們所理解的物質現象，那麼我們的身體內必然存在很多可以解釋得通的回堵現象，婦科症候中的各式不合理的現象是否可以從廢棄物的淤塞找到合理的解釋？有沒有可能，我們的情緒也回堵了？我們身上的情緒毒有沒有可能回堵到充斥著負面的念頭？

所有因豪大雨所造成的市區積水個案中，受害民眾歸咎於下水道的淤塞，進一步將責任歸咎於政府的治水工程，那麼發生在我們身上的水腫要歸咎給誰來負責呢？吸菸的人把菸蒂直接往水溝丟，和我們不時就把零嘴往嘴巴裡面丟的情況是否雷同？我們主觀認定食物會被分解，實況是腸道的景觀不在視野的範圍，尤其每天約定時間把食物往身體裡面存放，在理解回堵的可能性後，是否應同步思考充填食物的嚴重性？

時間到了就得吃被貼上「理所當然」的標籤，在全方位的人類疾

病版圖中，你認為抽離掉這件不合理的制約後，人類的疾病可望減少或消弭多少？所有的痛都來自於回堵，回堵則源自於那不可理喻的固執己見，認知到身體可以一段時間完全不需要任何食物進駐，那麼堅持要吃和堅持要生病，是不是同一條路徑？

有沒有可能，我們的情緒也回堵了？
我們身上的情緒毒有沒有可能回堵到充斥著負面的念頭？

從瘦到胖存在一條基準線，從基本庫存到超級倉庫也存在一條楚河漢界，就是有一種風氣，或者是一種人為的習氣，從官場發展到民間，從有錢人家發展到窮人家，基本動作就是吃，吃進去肚子的食物就是碳水化合物。

結論是近代人類花了半世紀的時間演練胰島素阻抗的深度，結果就是在身體內建構一座指揮脂肪轉換和儲存的單位，大門口寫著「高胰島素血症」。背景因素或許複雜，重點歸納就是吃三餐，時間到了就吃，肚子不餓也吃，看到食物就吃，想到食物也吃，我們身上的備糧系統就這樣被放大了。

養生的重要精神是未雨綢繆，這是百分百呼應身體邏輯的思維，一段時間學習跟身體將心比心，直到有一天和身體同心，結論就是提早準備、預先防範。

這是身體經營能量的原則，也是身體儲存脂肪的概念，身體一直在為我們示範積極主動的生命態度——因為人類發展健康科技的

軸心在善後修補，因為價值重心失焦，身體萬無一失的防備依然可能潰堤。

控制食量是一種普及化的養生概念，很多人在不更動三餐的制約下減少食量，可是成效有限，降體重的目標無法隨心所欲；為何？因為食物的選項中總是存在勾引胰島素的成分，高升糖食物在主食文化的籠罩下歷久不衰，精緻熟食是現代人掙脫不了肥胖陰影的主要因素。
熟食很少被放在檯面上討論，早已成為現代人滿足口腹之欲的慰藉來源，是勾引胰島素攀高的誘餌。

肥胖和文明病一直都是近幾十年最困惑營養學者的謎團，真正的因素還不能直指米飯麵食，也不需要追究所有高升糖的文明食品，必須回到身體裡面的程式軟件。
謎底就是胰島素，就是身體因應來自於食物的高效價葡萄糖而激化的胰島素釋放，過去的資訊只是很單純的探討胰島素和葡萄糖之間的線性關係，實際上在身體內所發展的是多面向的網狀延伸。

身體的邏輯存在一定的原則性脈絡，胰島素的存在牽動脂肪的儲存已經被廣泛證實，邏輯推演，還是會觸碰到身體未雨綢繆的設定。
試圖在複雜的胰臟迴路中理出簡單的邏輯，只要胰島素沒有回到基準點，身體就繼續轉化與儲存脂肪。脂肪多了絕非身體所樂

見，防禦機制就是發炎，就是點小火吸引免疫系統的注意。

這是一種文明病路徑，發生在廣大的民眾身上，多數人只能意識到肥胖，只是關注到美醜。

從吃到囤積到發炎存在其複雜性，當成疾病處置，就進入更不利於健康的分叉路。

只是生活習慣的謬誤，只是生活作息的不當，結果被引導從病態的角度去思考，從血糖異常和胰臟功能不正常的狀況去處置。

真相只是過度飲食，只是早餐吃錯了食物，只是熟食效應，只是餐桌上少不了的米飯麵食牽引出胰島素的迷走。

我們開了一扇大家都不願意開的小門，走進一段多數人都看不上的羊腸小道，結果是吸到不一樣的空氣，看到不一樣的景觀，接著開啟完全不一樣的人生。

回頭一看，呈現在眼前的赫然是個超級大迷宮，而且迷路的人都堅持己見。有些人欠缺勇氣，有些人缺少改變的動機，只要能停下來吃，多數人都把不正常當成正常，把不完美的現實當成完美的寫實。

熟食很少被放在檯面上討論，早已成為現代人滿足口腹之欲的慰藉來源，是勾引胰島素攀高的誘餌。

從動物器官的分類和邏輯脈絡的一致性，科學家的思考落在進化
和演化的方向，把人類和任何一種動物的器官拿來對比，是演化
的力量取勝？還是造物的創意勝出？不少科學家在不可思議的讚
嘆聲中決定收手，好比我們在觀賞巧奪天工的魔術表演時，你是
單純讚賞？還是會興起學習魔術以超越對方為終極目標？

每一個器官的存在都有其意義和功能，我們曾經接受「特定器官
無用論」的教育，也見證醫療以拯救性命為目的不惜摘除特定器
官的普及性。身體的邏輯脈絡屬於神祕的領空，人類擅自做出主
觀論述，也極其粗暴的進行器官割除，即使摘除器官有其非不得
已的考量，器官的衰竭和敗壞也源自於人類不當的行為。
為何人類不願意疼惜自己的內臟器官？為何人類的日常行為具備
毀滅身體結構的力道？為何堂堂萬物之首卻表現出不如低等動物
的智慧？

人類最應該善用甚至於活用的器官是身體的哪個部分？如果你是養寵物的人，當你家裡的貓狗都透由眼神表達出對你的感激和關懷時，你覺得牠們腦袋和你腦袋所思考的有什麼地方不一樣？

這個問題的另外一種問法是：身為人的你我是否真有超越寵物的智慧？分析人類大腦所能施展的創造力，科學家早已提醒我們只用了一成不到的機組實力，我們可以接受這個事實，卻沒有進一步活用自己大腦的動機。

人類世界處處都有豢養動物的行為，科學家研究在實驗室內被控制行動自由的動物，得到牠們腦部重量減輕的結論。這些動物仰賴餵食，牠們不再需要自食其力，也就是牠們不需要外出覓食，牠們也沒有被其他動物侵犯的危機意識，器官不再使用就會逐漸退化。

人呢？我們真沒有類似於豢養動物的大腦退化表象？完全不仰賴導航的英國倫敦計程車司機腦部結構和公車司機出現極大的差異，這除了證明思考的意義，同時也證實睡眠的價值，重點是我們兩者都有兼顧嗎？

針對不再學習，針對不愛閱讀，針對不重視睡眠，這是眼前活生生的展現，這或許不是下一代的問題，是我們這一代早已存在的迷失。腦部意識主導身體運作變成人類展現高度智慧的方式，我們其實沒有善用大腦的天賦嗎？充其量驅動慣性的養成，人類某種程度把自己限制成習慣的產物，倒是強化了身體內臟的使用。研究人類器官大小的科學家發現不只胰臟的體積變大了，肝臟、

腎臟和心臟都變得異常肥大，器官的功能被人類反常的濫用，難怪最難理解的病症都出現了。

聰明反被聰明誤，這不是特定人士的行徑，是人類的集體迷失，是人類自以為是的毀滅程序。

針對不再學習，針對不愛閱讀，針對不重視睡眠，這是眼前活生生的展現，這或許不是下一代的問題，是我們這一代早已存在的迷失。

079

吃出不孕症

這兩年多累積超過上千人次進出教室。保守估計留下來互動的有
一半，深入執行並且保持互動的大約兩成，其中女性學員幾乎占
了九成以上。呼應重複講述的現代婦女婦科症候，不孕症比例之
高令我瞠目結舌，而且幾乎毫無例外的進入試管嬰兒療程。每一
位渴望生育的女性朋友都願意忍受取卵過程中的煎熬，除了令人
敬佩外，我強烈呼籲她們應該研修身體學分，幾乎沒有人清楚不
孕症是吃出來的。

懷孕來自於男女雙方的性愛，精子和卵子在女性身體內結合，人
類有歷史以來都藉由生物設定的程序傳宗接代。男女夫妻屢次試
圖懷孕都失敗後，尋求醫療協助似乎是僅有的方案，暫不論試管
懷孕科技已經多麼高端，我們在研修文明這堂課之前，總是未能
深思這一條路徑的合理性。男女雙方的取樣程序無法論述公平
性，女性在肩負懷孕的天職中，扛起不計辛勞的責任，這就是母
愛，無庸置疑。

醫療的形象塑造出無法前進的思考力，看似為現代人解決不少身體失能的難題，我在「政府有補助」的提醒中想通了這條違反自然路徑的上揚趨勢。卵巢囊腫和子宮肌瘤的解決方案一致，我們都在無法得知原因的處理程序中摸黑前行，反正就等它更嚴重，反正就只有善後處置一條路，反正就相信醫生就是。我們從小被送進學堂中應該是要練習思考力，怎麼訓練國家菁英的醫學教育教出一批批把身體症候複雜化的專家？怎麼這些專家都在暗示我們身體就是一部無能的生化機器？

不孕夫妻難免都進行過確認不孕方的檢查，精蟲不足的機率即使存在，所有個案都顯示雙方都是思考鈍化教育的受害者。他們視不孕為一種病症，他們把不孕的事實當作其中一人的失能，完全沒有機會往彼此的生活作息去思考，他們甚至不可能想到所有問題都源自於用餐和時間的無條件結合。不孕夫妻可能同時有一人便祕，可能其中有一人胃食道逆流，可能其中有一人有腸躁症，他們從未意識到原來看胃腸科和看婦科不孕門診是同一件事，是同一種習慣的結果。

在「經前症候群」的版圖中，不可一世的治療板塊持續在擴大，婦女朋友除了擔憂每個月固定的疼痛侵襲外，止痛藥成為很有力道的仰賴。現代人腦袋中所關注的事項不是工作就是家庭，不是和錢有關就是和情有關，不是和父母有關就是和子女有關，善後處理占掉時間的大半，未雨綢繆剩下善後解決之後的零星時間。「身體處理食物就不處理廢物」看似簡單易懂的一個概念，卻是

身體之所以無法施力的源頭，和止痛藥相互遙望，形成兩個完全不會有交集的施力點。

身體學要如何研修，就從和身體真誠對話開始練習，真心看待自己的身體是女性受孕的基礎，同時也是健康的基礎。

不孕夫妻難免都進行過確認不孕方的檢查，精蟲不足的機率即使存在，所有個案都顯示雙方都是思考鈍化教育的受害者。

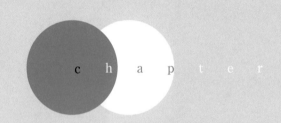

c h a p t e r

第八章

遺毒有年

「我們要感謝快速動眼睡眠時所做的夢，因為它把情緒從經驗中舒緩消解了。通過夢在夜間的治療工作，快速動眼睡眠展現了優雅的技巧，把情緒果皮從資訊豐富的果肉外剝除；因此我們可以學習、回想重要的生命事件，而不用被事件當初痛苦的情緒包袱所拖累。」

——《為什麼要睡覺》／馬修・沃克

四度空間

在三度空間的立體概念中置入時間，成為四度空間的基本雛形，和身體互動的經驗值中少不了時間因素，身體所有細胞都安置生理時鐘一定有其立意，重視時間是身體的本能。熱量控制的觀念存在幾十年，目標減重的人趨之若鶩的奉行，即使所有證據都明確顯示這是一種不成立的論述，也都以失敗收場，可是這種觀念在不少人的記憶體中卻無從根除，真相是二度空間概念被強力置入身體運作的結果，牛頭不對馬嘴。

「少進少出」之所以成為一種理論，首先是不認識自己的身體，這是營養學最失敗的源頭，其次是期許快速看到效果的減肥需求，不僅抵觸身體重視時間的原始設定，而且是絕對的衝突。例如金錢是人類創造的交易工具，不是生命版圖原始就存在的東西，因此當金錢成為一種目標概念，當金錢成為生存的唯一目標時，生命出現無法預期的風險，可以是人際衝突，可以是商場敵對，可以是身敗名裂，當然也可以造成生命的威脅或終止。

人性的貪婪進入第四空間就得接受時間的考驗，不論是貪錢或貪情，我們在餐桌上的所有好惡也得進入第四空間接受檢視，過度的迷戀會有不好的結果，上癮的後果總是無法自拔的苦痛。身體內部主導身心靈平衡就是堂堂四度空間的版圖，大腦串聯腸道的雙向管道在十多年前讓科學家讚嘆，可是真相還不止於如此，當腸道微生物相表現出身體一部分的器官功能，進一步連結腸道和大腦，該是人類的二度空間意識被隔離在養生大門的時候。

長期提醒斷食初學者務必使用酵素輔佐，首先打破熱量控制的迷失，酵素的熱量標示令二度空間思維者疑惑，酵素的甜度也令二度空間受教者質疑，酵素的產品定位更是讓停留在二度空間的人冷處理，無法透過二度空間的視窗去迎接一個四度空間的成品。酵素製成的時間單位是年，發酵屬於大自然的傑作，斷食初體驗最重要需求是能量，也就是食物的生命，透過時間淬鍊成的作物精華居然被二度空間所遺棄，殊是可惜。

把餐數減少需要經歷調適和調整，把經驗值置入思考比對，通常是三度空間的對價，一般就是習慣和飢餓感的推斷，缺乏時間因素的輔佐，這種案例需要強化長程視野的演練。至於把預算安置在優先考慮的個案，依然是二度空間的放行或攔阻，眾多把機會直接障礙掉的思考模組就屬於這一類型，所有路障都由自己設定，所有困難都來自於自己的想像。我在節省的族群中看到諸多因情緒不佳而放棄的個案，這就是二度空間思維的限制，是習慣透過線性思考解讀並且做決定的困境。

數學的漸近線概念最符合生命的路徑，也很契合不斷進步的生涯規畫，從平面上的構圖去認識漸近線之後，可以把平面立體化，成為四度空間的模組。人生旅途中處處是美景，隨時都在學習，生命是一段沒有終點的旅程，當前方的資訊和腦袋的認知形成一條線，是對與錯的選擇，是好或不好的取捨，是接受或不接受的考量，請練習把這條線剪斷，因為還有第三種選擇或第四種選擇。

「少進少出」之所以成為一種理論，首先是不認識自己的身體，這是營養學最失敗的源頭。

081

生物時鐘

分子生物學先驅方斯華・賈克柏（Francois Jacob）說：「生物最深刻、最普遍的一種能力，就是前瞻、創造未來。」預知能力是生物得以存活的關鍵，這裡說的不是逃生這麼簡單的能力，這屬於近期預知，所謂前瞻是指有預知未來即將發生事情的本能，除了最基本的季節變化外，就是天災的預感能力。動物的生殖、遷徙和冬眠都依循細胞內建的生物時鐘，其敏銳層級完全超乎你我的想像，我們主觀認為這不是人類所擁有的能力，事實的確是如此，只是我們或許沒有機會領悟到這種武功是如何被人類自己廢掉的。

細菌也有生物時鐘，植物也有生物時鐘，基因裡面就記載著生命和時間之間的互動關係。生物設定是意義深遠而且包羅萬象的議題，探討身體精密程度的科學家最終都以不可思議為人體的能耐下註解，這或許是演化的議題，或許也涉及進化的主題，在科學家讚嘆的同時，背後肯定存在暴殄天物的反思。生物設定依循晝

夜節律，也依循生物體與大自然之間的互動關係，大自然含括食物和生命之間的共生關係。前者連結到電和電燈，後者連結到烹調和食物的加工，身體的時間軸和能量平衡息息相關，從電到食物的精緻化都詆毀了身體時間軸的本意。

生物時鐘聽起來極度抽象，其存在卻點出人類生存在地球上不尊重自然環境的根本，人類的意識如果獨樹一格，應該從生物行為中推敲不可違逆的法則。先從違逆和毀滅的角度搜尋傲慢因子的存在，人類因傲慢而卓越，也因卓越而誤解了傲慢，最終將因傲慢而自我毀滅。把這個大圖像濃縮在自己身上，從自己身上的生物時鐘反觀我們的行為，抽絲剝繭，細部回顧，不論覺悟的程度，結果都反應在身體的呈現，不只是胖瘦，是身體內部的堆積和失衡。

生物時鐘是法則，細菌遵守著，植物依循著，動物配合著，不是行為主動或是被動的問題，是意識認知強勢主導的問題，是人類被上蒼賦予覺知能力的問題。以動物的遷徙為例，看似一種被動的行為，卻實質是主動遵守的態度，至於人類的行為則在極少數主動背離之後，進入集體被動反應的局面。引出幾個問題提醒民間的莫名執著：「不舒服不是一定要看醫生嗎？」「不是時間到了就一定要吃嗎？」「食物不是一定要煮熟才安全嗎？」「不是要吃才有營養嗎？」「不是都建議要少量多餐嗎？」「專家不都是建議少吃多運動就可以健康嗎？」

生物時鐘的議題連結到生食和熟食的選擇，不單是夜晚有沒有睡覺的議題，光是食物的選項和飲食的頻率就已經讓身體無法招架了，我們斗膽追加了夜生活和夜間工作的選項。想起很多舒活族的朋友，也回想起自己年輕時某個階段的生活型態，只要隔天沒有上班的顧慮，幾乎都要把自己的身子操到夜半時分，而且身體每天得囤積三餐的精緻食物。文明是否是可喜可賀的幸福憑藉？這個問題的答案必須進入一個二十四小時營業的公共場域，那裡有需要被照顧的病患，有輪值照顧病患的醫護人員，看似幸福，也看似不幸福。簡單結論，那是一個被動經營健康的場所，同時是一個不知道如何定義健康的處所。

主題是生物時鐘，它存在於我們身上的每一個細胞，問自己：知道它的存在嗎？在乎它的存在嗎？

生物設定依循晝夜節律，也依循生物體與大自然之間的互動關係，大自然含括食物和生命之間的共生關係。

082

時
間
線

「時間線」不是專利名稱，卻是熟悉身體意識後的重要體悟。時間依附在生命中，時間不是空間，時間也是一種空間，時間不時出現在意識中，時間經常消失在意識之外。每天的生活細節和時間密不可分，約見面要以時間為依據，上下班也以時間為根據，吃飯也許不一定很精準的綁定時間，卻是生活中被時間綁架最普遍的行為。時間可以是點，也可以是線，兩個定點之間的距離可以透過時間定義，交通工具的選擇也進入時間的量尺，我們可以輕鬆駕馭時間，我們也經常無法掌控時間。

每天要處理的事情如果重要性相當，時間的價值就無從彰顯，所以時間和所安排事情的重要性存在連動關係。時間可以創造事情的價值，有價值的時間運用可以創造更多的時間，管理時間是經營價值，從創造生命的價值看待時間，養生必須進入時間管理的範疇，養生必須有時間管理的細節。甲狀腺失常的個案幾乎都是時間管理不當的受害者，每天都生活在匆忙中，每天都有趕時間

的劇情，每天都讓腎上腺素持續的點燃。趕上班可能不稀奇，在上班途中趕送小孩或許也不足為奇，可是從每天發展到每個月的緊繃一定會在身上留下印記。

經由時間和食物的組合打擾身體是我們很熟練的作息，從身體的立場則是每天都得持續面臨的壓力，放任而且不善用身體時間軸是現代人的集體迷失，也就是身體的時間管理能力完全被閒置。我們忽視身體的時間意識造成可怕的結果，身體變成廚餘桶是忽視時間的結果，腹腔和血管變成脂肪囤積處也是時間的傑作，堆積、毒害、組織異常增生都是時間延續的產物。這條放任的時間線將一直延續到生命的終止，過程中夾帶著因恐懼而形成的傷害，還有因太多的不確定所衍生的疑惑、猜忌和痛苦。

健康和時間之間的依存關係由身體的時間軸來制定，從人類的高階意識分析健康和時間的關係，也許又是另外一個十年或二十年的研究和爭議，也許又是科學家前仆後繼的一系列自我感覺良好的歷史塵埃。人類在崇尚科學的路上不斷的挑戰大自然的法則，這裡講的不是物競天擇，也不是優勝劣敗，是生物的生存權，是生物和生物之間的依存法則，是大宇宙和小宇宙之間的共存模式，是時間一直在記錄最佳的生存能力，是時間一直在記錄輕視時間的必要承受。

結論是讓身體來演繹生命的時間價值，我們知道要尊崇懷胎十月的時間價值，卻不知道要尊重這十個月之間母體的所有努力，從

母體的腸道到產道，從母體集結生命的工程到母乳的全方位配方。人的一生不論是八十年或一百年，不論是六十年或是一百二十年，我們可以用十年的時間來製造三十年的折損，也可以反過來用十年的時間來創造三十年的強大生存力。讓身體來解讀十和三十之間是倍數成長還是高速衰退，最簡單的界定方式就是吃一餐和吃三餐的差別，就是善加運用身體時間軸和荒廢身體時間軸之間的差別。

過去是時間嗎？未來是時間嗎？由於有記憶，由於有夢想，我們對於時間有很深的誤解。時間就在這一刻，只有這一刻符合時間的定義，這是身體意識對於時間的解讀，生命回應時間的提醒一直都是專注做這一刻該做的事。

趕上班可能不稀奇，在上班途中趕送小孩或許也不足為奇，可是從每天發展到每個月的緊繃一定會在身上留下印記。

083

飯前飯後

伴隨在三餐的時間點吃藥是一件現代人的生活寫照，可能吃一陣子，可能是吃一輩子，吃藥者的認知中這是一件絕頂重要的事。吃藥和吃飯之間到底有什麼關係，嚴格說是沒關係，只是時間的切割提醒，飯前吃藥如此，飯後吃藥亦如是。飯前飯後的差異在飯後藥物對於胃部的刺激，飯前藥物則只有降血糖的藥物存在伴隨餐點的意義。吃藥和時間連結，營養補給品也和時間連結，我們把養生的習慣和時間綁在一起，這些行為和身體的立場卻發生不了任何關係。

利用時間概念來強化補給的動作來自人類的創意，時間一直都在生命刻度中提供我們行為的準則或行事的依循。我們應該規劃時間還是被時間規範？這個問題的解答在時間管理的精髓被解構出來後釐清，時間管理的重點不是管理時間，不是安排時間，而是安排事情的重要順序。人事物的定位連結到事情的重要性，生命價值的明確連結到時間的安排，時間不是變數，變數是事情，變

數是我們看待事情的觀點。

時間是天，時間也是地，時間屬於空間的一部分，時間存在於法則之內，我們忽略了時間的地位，我們不知道應該要尊重時間。自從人類有了夜間照明，夜生活成為人類生活的一部分，原來是一種延續白天的概念，方便了生活的諸多事項，可是在無限上綱之後，問題一發不可收拾。還是要強調，人類美其名善用時間，實際上在利用時間，我們把時間線踩在腳下，時間為我們所用，時間為我們所支配，我們運用時間，卻不尊重時間。

晝夜節律依附在身體的原始設定中，從膠淋巴系統的研究明確之後，人類應該出現重新省思時間運用的陋習，人類應該要深刻反省夜間工作和夜間不睡覺的後果。睡眠和夜晚是唇齒相依的存在，可是商家開門營業二十四小時不關門了，夜間狂歡和工作的人多了，傳媒頻道二十四小時不停歇了，人們在屋子裡面可以通宵做任何事情了。這是一種環境的製造，人類從不尊重時間到不尊重身體，因為沒有被教育該尊重法則，也沒有被告知要尊重大自然的生存法則。

把食物的生命破壞和時間對應的結果，出現身體沒得休息的事實，文明人的生命品質在中年之後蕩然無存，號稱生命延長，事實上病痛纏身。身體和時間該如何搭配，現代人的養生態度應該如何呼應身體和時間之間的默契，這個議題再度回到食物的本質，因為食物的原貌可以完全契合身體和時間的互動關係，脫離

原始樣貌的食物則盡其干擾之能事，導致人類意識重度脫離身體意識。

讓身體盡情揮灑需要維繫一段不打擾身體的時間軸，單位是每天，身體將以健康回應，是身心靈全方位的健康回饋。

畫夜節律依附在身體的原始設定中，從膠淋巴系統的研究明確之後，人類應該出現重新省思時間運用的陋習。

是否經常有一種念頭，這個星期似乎過得特別快？怎麼一個月一
晃就過去了？記得才是去年的事情，怎麼一年又過去了？不意
外，時間跑得比我們的想像還要快，不奇怪，時間永遠都不夠
用。不管是一星期或是一年，即便很多做過的事情都忘了，見過
的人也忘了，可是吃過的美食餐廳會永遠記得，記憶深刻的食物
永遠多於印象深刻的人物。大腦的記憶有其局限性，如果我們傷
害了人，大腦刻意忘記，可是靈性記住了；如果我們傷害了身
體，大腦狀況外，可是身體記住了。

大腦透過眼睛觀察事物，身體則透過傳輸記載狀況，可是只要有
異常，只要出現淤塞，只要發生不正常的組織增生，身體早已儲
存待辦事項的註記。應該要質疑身體何以出現異常的囤積或增
生，身體的能量運輸應該是好比一棵大樹一樣的暢通無阻；為何
身體隨時都會出現更動能量配給的狀況，為何身體隨時都會出現
力不從心的狀況，為何身體內部的景觀出現越來越多不應該存在

的存在。

身體或許忙到沒有留意到時間的飛逝，好比大腦特別記住美食的定點一樣，身體可是記下了時間所造成的囤積，身體不曾忘記時間所累積下來的致命威脅。何以大腦和身體會出現如此迥異的記憶能耐，問題的解答可能必須交由上蒼，生物設定就是如此的神奇奧妙，大腦的記憶每天都經由睡眠進行汰舊換新，至於身體組織的記憶就可形容成烙印，不僅儲存組織的囤積，連生命歷程的人事物都儲存。

來自於科學家對於器官移植的事件紀錄，接受器官移植者認出捐贈者的生前記憶中的人物，人體的身體記憶能力超出你我的認知想像。所以器官儲存了大腦的記憶，理論上來自於大腦的神經傳導訊息，值得我們深入理解的是反向的傳輸，大腦是否也應該記下身體的特殊記憶？假設內臟空間囤積過量的脂肪，這種異常理論上會由身體發訊息給大腦，正確的說法是由脂肪細胞發出慢性發炎的訊息，或者脂肪也送出不需要再進食的內分泌指令，大腦是否熟知這些訊息的意義？

必須相信大腦具備接收完整身體訊息的能力，可是為何我們的認知未能完整接收？為何我們經常性的保持在狀況外？這些問題的解答重心不是生活習慣上的迷走，而是當事人是否具備改變的決心。繼續問底下這些問題，為何人類世界會出現這麼多難以醫治的疾病？為何人類會如此重視早已證實無效的治療方式？為何人

們要相信導致更多病症的治療方式？在這麼多相信與不相信之間，在這麼多接受與不接受之間，利益永遠凌駕一切，人類的疾病版圖無止境的被放大。

當我們感覺時光飛逝，身體卻一五一十記錄了所有時間所遺留下來的痕跡，這些痕跡可能是人類不願意面對的真相，或者是我們把食物的生命摧毀殆盡的真相。

大腦的記憶有其局限性，如果我們傷害了人，大腦刻意忘記，可是靈性記住了；如果我們傷害了身體，大腦狀況外，可是身體記住了。

大腦左右兩側各有一個海馬迴，那是儲存短暫記憶的空間。

類似每天下班前要清空辦公室垃圾桶，大腦每晚都利用睡眠努力清空海馬迴。

睡眠五階段的第二階段會出現異常活躍腦波，稱之為紡錘波；那是海馬迴和大腦皮質之間約好記憶交接時，每晚都會進行的例行性交接。

思考：一個晚上沒睡覺的後果——大腦各部位之間的協調會出現錯亂。

繼續思考：長期日夜顛倒的後果——內分泌和神經系統失調是必然的結果。

我們為何選擇夜晚不睡覺，因為不睡覺可以是一種選項。

沒睡覺開始是一種選擇，最終才變成一種障礙。

你或許不曾選擇不睡覺，但是你肯定有選擇少睡覺。

回溯從小到大，我們的就寢時間是如何有條理的延後。

接著，回顧睡眠的價值在認知中是如何一絲一絲被剝削掉。

一定要承認，我們一度閃過睡眠是多麼浪費時間的念頭。

你有可能和醫生討論十次病情，兩人都沒思考到睡眠也許才是關鍵因素。

補了一堆藥物也補了一堆營養素，就是不曾好好補睡覺。

花了一堆鈔票購買特效藥，從來不知道最有效的特效藥完全不用花錢。

曾經對於無法好好睡覺振振有詞，從準備考試到必須加班賺錢。

所有最合理的漠視，最後犧牲掉的不是睡眠而已，是自己的生命。

死亡證明書上面不會載明睡眠不足症候，開立死亡證明的人也經常晚上不睡覺。

生活是點，生命是面，兩者之間是時間這條線。

我們一生有三分之一的時間在睡覺，這三分之一的明確決定了生命的長度。

我們一向關注另外三分之二的時間該做什麼，很少關注這三分之一睡眠時間的完整性。

退休人士最普遍的遺憾是花太多時間做沒有意義的事，很多人或許依然忽略最有意義的事情是認真睡覺。

睡眠議題有諸多環節牽動我們一生，是家庭教育和社會教育的全面忽視。

科技和災難是一體的兩面，便利和承擔是反向的兩大人類世界趨

勢。

人類在生活品質的要求中拓展空間，卻相對的花費時間。

人類同時在空間的獲得中渴求更多的空間，而欲望的堆積則相對減少了空間。

睡眠被剝奪其實是爭取空間的後遺症，我們得到空間的同時，失去了時間。

失去時間是自己的選擇，沒有時間也是自己的選擇。

很忙是選擇，沒空是選擇，睡眠不足存在於價值觀的歷史軌跡。

回想人生中多次理直氣壯的執著，最該執著的是對不重視睡眠的指控。

你怎麼安排空間，空間就怎麼安排你，你怎麼冷落時間，時間就怎麼修理你。

你怎麼安排時間，時間就怎麼安排你，你怎麼重視睡眠，睡眠就怎麼成就你。

補了一堆藥物也補了一堆營養素，就是不曾好好補睡覺。
花了一堆鈔票購買特效藥，
從來不知道最有效的特效藥完全不用花錢。

大夜班

大夜班是什麼概念，一個晚上都沒睡覺是什麼感覺，可能有人從來不會有這樣的機會，可能有人終其一生熟悉夜間清醒的日子。通宵不睡我有經驗，次數十個手指頭數不完，那不是多美好的回憶，陪同者都是同一時間不知生命意義的牌友。我並不後悔熟練方城之戰，那畢竟也是一種邏輯思考的腦部訓練，這個技能在軍醫院服役時學會，同時也是我人生對於夜晚不睡覺的初體驗，因為值大夜班，不過是偶爾可以假寐片刻的大夜班。

你在什麼年紀開始晚上不甘願睡覺的？自問生命中的哪個階段最常通宵達旦，沒有意外，就是二十歲到四十歲之間，我們都把人生的壯年期拿來跟生命硬拚；為什麼？因為睡覺太浪費時間，請把這種觀點牢牢記住，這曾經是腦袋裡面非常堅持的主觀，精力旺盛的年輕歲月不用在賺錢真是浪費，一天只有二十四小時，睡覺得花掉三分之一的時間，在很多人的觀念中是奢侈的行為。

假設我們都沒機會研習自然法則，也不曾有人提醒我們何謂生物設定，不小心就掉進自大和傲慢中，堅持要挑戰上蒼所規劃的遊戲規則。如果這是你，請好好面對這些不是太好聽的形容，自大來自於不成熟，傲慢則源自於無知。接受教育的過程，「人定勝天」的印象烙印在潛意識中，我們既然是人，有什麼做不到的？可是自然法則不是法律，晝夜節律不是人的創意，生物設定不是人類的智慧結晶。

不願意睡覺是一種選擇，不想浪費時間睡覺是一種意念，不能因為睡覺而承擔生命被掠奪的風險是遠古人類的思考，不知道睡覺的重要性是今天多數人類的迷失。人非常擅長合理化自己的觀點，生命就短短一百年，九十歲的人生中有三十年的時間在睡覺，這是多麼不划算的比例。深入睡眠的真相後，把睡覺的時間確實守住，把睡覺的時間完整的兌現，多出來的是時間，延長的是生命，獲得的是健康。這麼簡單易懂的邏輯，為何我們從來都沒想到？

繼續從生命終結前的疾病呈現回顧人的無明，想起只能透過類固醇處置的病症，想起仰賴化學治療的病症，是否有機會連結到不重視睡眠的人生歲月？是否能聯想到曾經為了多賺錢而犧牲掉的生命？領悟電和電燈的發明所造成的便利，同時領悟便利所帶來的後果，富蘭克林和愛迪生到底是為人類謀取福利還是製造災難，這是很值得深入辯論的議題。

「要重整大腦與身體健康，我們能做的最有效的一件事，就是睡覺，它是自然之母對抗死亡的最佳行動。」摘錄自這些年來我最推崇的一本科普傑作《為什麼要睡覺？》（*Why We Sleep*）。好吧，扣掉睡覺時間，生命更加極度有限，既然這是事實，我們更應該珍惜生命，好好疼惜自己的身體。

深入睡眠的真相後，把睡覺的時間確實守住，把睡覺的時間完整的兌現，多出來的是時間，延長的是生命，獲得的是健康。

如果你有出國旅遊的經驗，我所指的不是去日本、韓國、中國或東南亞國家，是時差幾乎是半天以上的美洲或歐洲等地的旅遊，針對時差，你有詳實的記憶。調時差的去程一定是在飛機上度過，通常準備出國也都把自己搞得身心俱疲，因此長程飛行正好是睡覺補眠的最佳時機，不僅補眠，藉機會把時差提早調至即將前往國度的晝夜節律。

就在全體旅客都進入夢鄉的同時，飛機上的工作人員多半維持警覺的狀態，相信駕駛艙裡面的正副機師都還維持在屬於白天的清醒狀態。你曾經思考過這些在飛機上工作的人是如何調整時差的嗎？這個問題應該在我們所關注事項之外，我們都假設他們是在最佳狀態為我們提供最佳品質的服務。很少人在旅行的回程中調回自己居住地的節律，由於旅行的勞累，通常都得在回國後睡一個白天，讓身體自行去調整下視丘和內分泌之間的平衡運作。

調時差，你不睡行嗎？擁有一具正常運作的身體，你得誠實回答不行，經驗中都得躺下去好好讓身體主導平衡。我們的身體裡面存在一種奇特的力量，習慣每天日出而作且日落而息的規律性，我們很少有機會進一步探索體內在白天和夜晚之間轉換的樞紐；就好像有一位每天固定幫忙打掃和整理家務的阿婆，習慣了她的存在，可是很少有機會去關心她的內心世界，直到家中有人掛病號而對於阿婆的依賴性提高，終於有機會知道她時間的受限以及平日工作的犧牲。

夜間無法正常睡眠已經是很多現代人生活的無奈，固定上大夜班的人永遠日夜顛倒的結果，身體回歸正常節律的動能持續被壓抑，身體的原始設定嚴重的失衡。從健康的寫實面分析，賺多少都彌補不了失去的平衡，最嚴重的失衡可能就落在免疫系統的萎靡不振，畢竟夜間工作者的飲食節律不容易和身體取得最佳的妥協。在醫院護理人員的排班表中一旦出現一個月內同時經歷大夜、小夜和白班，當事人的身體就類似飛長程的空服員，一段時間就得面臨調整時差的工程。

護理人員和空服員被統計出屬於因工作而身體失調的大數，她們多半是女性，女性朋友因為內分泌失調，或說荷爾蒙失衡而就醫的個案普遍高於男性，並不代表坐在駕駛艙內的男性機師沒有相同的問題。在全球疫情肆虐的此時，機師確診個案不會成為獨立事件，機師的確診比例也不容易成為特定的統計標的，可是機師的免疫系統是否有機會維持在最佳狀態，我們可以從身體調整時

差的動能做出合理的邏輯研判。

本文的主題可以是機師，也可以是晝夜節律的鐵則，從機師的高所得去對應他們身體的承受，開飛機和棒球場上的投手一樣，只能出現在人生的一小段高峰。

> 調時差，你不睡行嗎？擁有一具正常運作的身體，你得誠實回答不行，經驗中都得躺下去好好讓身體主導平衡。

吃存在一種力量，也是一種情境，進行中，吃從主動轉成被動，
從想吃轉成要吃，從吃一點到吃很多。我們很少留意到環境的魔
力，在吵雜的碗盤聲中，在上菜點菜聲的此起彼落中，在我告訴
你和你聽我說的說話聲中，人落入一種忘了自己的情境中，行為
是吃，知道自己在吃，也不知道自己在吃。

吃有意識嗎？基本上有，決定到定點吃是意識，點菜的根據是意
識。好不好吃是意識嗎？感覺上是意識，是意識判定了食物是否
合到胃口，可是好不好吃的傳導從食物而來，神經系統只是扮演
橋梁，大腦意識只是接收訊息。食物分子成為勾引意識的一種力
量，可能來自於調味，可能來自於添加，可能來自於不同食物之
間的完美組搭，別忘了這些食物多半肩負著引導肝臟和胰臟忙碌
的力量。

吃有意識嗎？多半沒有，從食物入口的第一時間起，吃和意識之

間的連結便逐漸在崩解，眼神關注佳餚的驅力不從意識而來，從食物而來，筷子湯匙背後所指引的動力不從意識而來，從食物的力量而來。料理的藝術就在深化食物的驅動力，烹調的意境就在強化食物的勾引力，廚房的美學就在讓食客離開自己的意識。吃的劇本最後落在消化道內繁複的胺基酸和葡萄糖分配，從消化酵素的胺基酸進入食物中所解離出來的胺基酸，從食物中的葡萄糖進入血液中的葡萄糖。

人類遠離健康就從遠離意識開始，遠離意識的力量則從食物和嘴巴接觸的第一時間開始。我們都有無意識中把一盤食物吃光的經驗，眼睛盯著銀幕，意識不停期待下一道菜上桌，身體進入無意識狀態，行為無意識，吃相無意識，身體處理食物也無意識。意識在突然間降臨，是身體主動發出了訊號，意識到桌上的食物不再那麼有吸引力，意識到此刻的消化道突然沒有太多空間可以接納食物。

回憶一下某一次的酒酣耳熱，酒精一杯又一杯下肚，眼前是一位又一位找你敬酒的酒客，那時候的意識叫做無意識。回憶一下酒精籠罩中的身體意識，食物裝不下還繼續裝，無法承載酒精還是繼續承載，腦袋中出現的意識是不認輸，意識中唯一的意識叫做我還行。突然有豁出去的衝動，找到一位最想報仇或報恩的對象一口乾，那種情境沒有肝臟的立場，也沒有胰臟的立場，當然也沒有身體的立場。

吃存在一種力量，是食物的力量，是沒有生命的食物的力量，是失去生命力的奇幻力量，遠離生命具備這種力量，遠離健康自然形成一種魔力。既然我們都在這種情境中，何妨就練習從情境外去考究情境的所有元素，廚房無罪，廚師無罪，添加物無罪，貪吃也無罪，只有食物分子和神經傳導之間的連結可以興師問罪。

最終是犯罪和考慮犯罪之間的取捨，要深思熟慮，也得要有凌駕欲望的勇氣智慧。

人類遠離健康就從遠離意識開始，
遠離意識的力量則從食物和嘴巴接觸的第一時間開始。

孩子是父母親的血肉，孩子是父母親的最愛，身為孩子的父母親最重要的課題是學習如何扮演好父母親，父母親幾乎都是在毫無經驗的情況下接下父母親的重擔。不是人人都可以把父母的角色扮演好，觀察到稱職父母的比例不高，多半個案是夫妻的角色都很難適應，更何況要撫養還無行為能力的幼兒。主客觀檢視我父母親的身教和言教，進一步檢討自己身為父親角色的表現，最後從眾多疾病個案中追溯家庭教育的正負面教材，是愛的課題，卻是錯愛的教材。

看到母女一起搭車，兩人不但牽手，還在車上依偎，眼前的畫面會在身上產生心流。可是看到母子一起，比較有印象的畫面經常是母親不斷的叮嚀和提醒，最不忍心看到當眾被母親斥責的孩子，那種瞬間情緒爆發而大聲吼叫的就不說了。有沒有看過已經上大學的孩子被母親當街修理的？這種畫面可以自己勾勒，回想我三十歲的時候和母親互動的內容，被修理事小，拿一堆人的成

就來比畫經常令我不知如何自白。慶幸自己有骨氣不理會這種情緒教育，想起有人在這種壓力下失去鬥志，想到有人在這種環境中失去健康。

「比較」是最失敗的教育，這種教育方式的動機是父母親的面子，執行這種教育的父母親並不清楚自己有多麼自私，連自己的孩子都不能自在的成長，連自己的小孩都無法全然成為他們自己，這是所有自私人性中最極致的私心。孩子都在潛移默化中接收上一代的模組──在他們還不知道可以超越這個框架之前，在他們還沒有能力扮演他們自己之前。自私被不斷的複製是多麼可怕的現象，自私被不停的放大是多麼無情的傳承，感覺丟臉是一種極度缺乏自信的狀態，這種負面情緒成為一種教育的模組，社會的整體面貌將是何等的呈現？

別人的孩子很會讀書，他們家的孩子很會賺錢，隔壁鄰居的孩子每個月領多少薪水，如果這是你教育孩子的內容，恕我直言，你是多麼失敗的家長，你是最不稱職的父母親。這種教育會拆掉孩子的翅膀，進一步拆掉孩子的信心，孩子沒有積壓怒氣還好，萬一你的孩子缺乏自我調適或釋放情緒的能力，這些父母親未來最好還能在孩子的病床旁裝無辜。疾病的面相中距離我們最遙遠的就屬這種日積月累的數落，自己的面子勝過孩子的快樂，這是多少為人父母者終身無力察覺的失職。

孩子不想吃被修理是很普及的家庭情境，孩子考不好被毒打更是

我們這一代成長過程中熟悉的話題，這種教育最大的問題在家長的自我中心；在這種價值觀中，孩子只是附屬品，不能有他們自己的想法和做法。逼孩子吃藥是我想深入探討的另一個議題，幼兒吃抗生素的危害早有研究報告揭示，要孩子三餐吃飽吃多則是身體時間軸被侵犯的普遍現象；從情緒面，進一步發現面子教育毒害自己孩子的可怕局面。這些都不是一次毒，是累積的毒，是不斷的放毒，是不停的餵毒，最終孩子病了還繼續吃毒。

還給孩子自己的天空是我個人的覺醒，讓孩子快樂並且獨力的成長是給所有父母的忠告，錯愛的故事太驚恐，父母親不清楚自己是加害者，是很典型的錯愛劇本。

「比較」是最失敗的教育，這種教育方式的動機是父母親的面子，執行這種教育的父母親並不清楚自己有多麼自私。

090

來不及

將近十年前，我經歷了人生最震撼的生離死別，母親在上午才中氣十足的和我在電話中聊天，下午卻突然身體不適而辭世。距離她確診糖尿病二十八年，這二十八年間，她就是一位不折不扣的糖尿病病患，每天都控制糖分攝取，每餐前都得服藥，每天都得測量血糖。家人理所當然的接受這一切存在，陪母親看門診拿藥，陪她去買測血糖的機器，幫她留意所有關於糖尿病療癒的資訊，唯一做不到的就是阻擋她身體因為服用藥物而持續惡化的併發症。

糾正，我沒做到的是提早領悟到身體的核心脈絡，我沒做到讓母親能提早脫離藥物的荼毒，當我覺知到糖尿病必須讓身體自行療癒的時候，生命的示現送給我「來不及」三個字。「來不及」針對我母親，也針對很多早已被藥物控制的糖尿病病患，換個字成「來得及」，是來得及阻擋糖尿病的診斷，是來得及設定改變飲食習慣的道路，是來得及建立讓身體的原始能力甦醒的習慣。如

果你已經服藥很久，「來得及」也必須是你的看見，即使是神蹟，也得先願意相信。

在傑森‧方（Jason Fang）醫學博士的書中，「無法治癒」和「可治癒」分居第二型糖尿病的左右兩側，左邊底下列出「胰島素、藥物、低脂飲食」，右邊底下出現「減肥手術、斷食、低碳水化合物飲食」。他另外舉出兩項不容置疑的事實，分別是「第二型糖尿病是一種可逆的疾病」和「幾乎所有接受常規治療的患者都會惡化」。這就是我們所掌握到的真相，這些真相可能帶給很多人希望，卻依然帶來不是你我所期望的失望，為什麼？

對於最近才被診斷有糖尿病的人，我想輸送希望；對於今天剛被診斷有糖尿病的人，我更想輸送希望；對於未來將被診斷有糖尿病的人，我一樣輸送希望，是健康的希望，也是療癒的希望。持續強調，糖尿病的依據不是血糖值，是胰島素失控的程度；血糖高低是因應飲食所產生的振幅，不是情況好壞的判斷；糖尿病病患需要的是信心指數，不是恐懼指數；糖尿病患者需要研修身體學分，不是仰賴醫療來評分。

我母親終身都不曾有過氣喘，在往生的前些日子她出現氣喘的症狀，在她突然感覺到呼吸困難時，任何方式的急救都已經無效。我一度懷疑是氣喘奪走了母親的性命，可是在檢視她生前的所有健檢報告，必須承認自己輕忽了母親身上血管重度硬化的提醒，原來針對氣喘的描述是心臟冠狀動脈硬化的連帶症候，繼續追蹤

所有糖尿病藥物的併發症報告，高達六成的心血管疾病堂堂在列。我母親死於糖尿病用藥心血管併發症，根據我此刻看待慢性病的視窗，冀望自己有能力降低悲劇的發生機率，對我來說，母親的犧牲要有開啟糖尿病患者重生大門的力道。

「世界上幾乎所有醫生建議的常規治療方法都是錯誤的」，這是傑森・方醫學博士為傳統醫療的糖尿病處方所做的結論，我想到這一刻還陸續有人確診糖尿病，我想到被糖尿病藥物控制的無辜身影，我想到我母親的生病際遇是我父親從醫歷程被法律保護的一種犯行。醫生可以宣稱沒辦法，可是大錯特錯是真相，沒辦法不是辦法，沒辦法只是不夠長進而存在的一種方法。

糖尿病的依據不是血糖值，是胰島素失控的程度；
血糖高低是因應飲食所產生的振幅，不是情況好壞的判斷。

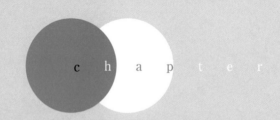

chapter

第九章

真是垢了

「我們無法控制自己的年齡、性別或種族，但根據研究顯示，人體可以透過飲食來影響荷爾蒙，進而操控脂肪。」

——《脂肪的祕密生命》／席薇亞・塔拉

準糖尿病

開一堂「準糖尿病講座」，會有多少人具備報名資格？在台灣，每天開課收一百名學員，應該每場都滿座，而且永遠開不停。我說的是資格，不是實際報名人數，畢竟多數人不知道自己屬於準糖尿病的族群，畢竟在現在的醫療邏輯中，確診糖尿病還有運氣的成分。這是現階段醫療生態的現實，糖尿病是一種飲食習慣所造成的疾病，可以自行調整，也可能每況愈下，確診可能只是一次例行性的檢查。

嚴格說，所有的重大疾病都從飲食習慣而來，關鍵都在當事人被食物控制的程度，延續的關鍵是胰島素失衡的程度，所謂「準糖尿病講座」也可以另外解讀成「準重症講座」，這將是永遠不會停歇的養生動機學習。至於哪些人必須學習這堂學程，就是每天都得吃三餐的人，就是早餐一定要吃的人，就是每天一定要輸送好幾回精緻食物給身體的人，就是腸道空間每天都得重複堆疊多層食物的人。

這種現象當然和米飯麵食脫離不了關係，這種類型的食物在我們的認知和習慣中定錨，鎖定了記憶和生活作息之間的關係，生活面看不出問題所在，可是從身體的內部生態分析則處處都是問題。傳統養生觀把焦點集中在食物的品項內容，這種研判從傷害面評論並沒有瑕疵，精緻澱粉所創造的葡萄糖效應不可小覷；可是真正對身體製造傷害的是血糖效應所連結的飢餓和飽足需求，表現在生活面的就是時間到了就得吃，吃三餐在多數人的生活中因此成為不應拆解的價值。

很多人把糖尿病確診連結到家族遺傳，看似極度合理的推斷，畢竟上一輩或是上兩輩都有糖尿病，可是真正造成遺傳效應的則是家族中的生活作息。生病只有環境因素和習慣因素，最多可延展到認知因素和情緒因素，當我們排除掉所有天生的障礙和疾病因果，看到的盡是吃所引導出來的災難。硬要解構確診糖尿病個案的飲食內容，相信食品的角色不能遺漏，添加物的角色也會浮上檯面，可是這些食物所製造的問題還是當事人持續都在打擾身體的狀態。

糖尿病不是血糖太高所能定奪，是胰島素太高所造成的脂肪堆積和胰臟的負擔，所以調整飲食習慣就能逆轉血糖失衡，練習讓身體休息就能穩定血糖。所有證據都呈現在我們眼前的這一刻，被診斷罹患糖尿病的個案離開醫院了，他們都隨身攜帶了降血糖的藥物，合理研判身旁的藥物即將是這些人後半輩子的生活夢魘。現實是殘酷的，人類所營造出的利益結構牽動了生命的去向，事

實證明這些「準糖尿病病人」可以靠自己翻轉生命走向，他們不需要被化學藥物控制一輩子。

我們都必須看懂醫療和健康之間的關係，繼續深入，期待頓悟，然後問問鏡子裡面那個人是誰，是誰來決定自己的生命去向。

嚴格說，所有的重大疾病都從飲食習慣而來，關鍵都在當事人被食物控制的程度，延續的關鍵是胰島素失衡的程度。

不時，就有人要提出一則資訊，而且多半帶著極度肯定的口吻，
針對不吃早餐有一種很有說服力的統計，結論是膽結石。有一次
在公開演講的場合，台下有聽眾甚至直接站起來抗議我對於早餐
的論述，她的理論基礎就是膽結石，而且是聽說的，是大家都這
樣說的。這種網路資訊有根據嗎？客觀說有，問題是不能這樣論
述，透過這種不當的連結去影響公眾視聽是很不負責任的行為，
這一刻壓在我們身上的一堆主張不都是空有結論而沒有論述基
礎，大家在瘋傳訊息的時候就好像瘋子拿刀在公共場合揮舞著。

我們的教育到底出了什麼問題？為何民眾都願意接受沒有任何背
景支撐的論述，只因為陳述者有一個比較有說服力的頭銜？必須
說這種不是太確定的統計早就存在於醫學教科書上，女性朋友和
膽結石的關聯也被統計遠大於男生，尤其是四十歲以上的女性。
這裡出現一種很特殊的軌跡，就是愛美的足跡，就是身上多出一
些沉重的負擔得去之而後快的念頭，在減肥動念的驅動下，不少

人在有限的時間內進行省略早餐或早午餐的行動。要提出的問題是：這和膽結石有什麼關係？

首先說明一般人比較欠缺的能量分配概念，我們不熟悉很正常，畢竟這一直都是身體的權責。長期吃三餐熟食的人會進入身體分配能量的低迷狀態，通常受到影響最大的是屬於隨時要裝備齊全的免疫系統，其次才是身體各單位隨時處在警備狀態的運毒系統。民眾在討論膽結石的時候最常忽略肝膽毒垢大量存在的事實，也就是只管膽囊裡面有膽結石，不管肝臟裡面存在更多更毒的廢棄物。這些毒垢就在不吃早餐的過程無端的進到膽囊裡面，這部分的理論基礎可以成立，問題是只看到發生的機率，不去探討發生的原因，也不用知道該如何規避。

身體能量低迷的確是值得關注的問題，可是更需要清楚明辨的是肝臟裡面大規模的囤積和淤塞，肝指數是如何出現異常的？脂肪肝的形成背景有哪些脈絡？最重要的是堆積在肝臟和膽管裡面大大小小的毒垢是什麼？是什麼狀況造成這些物質的形成和堆積？是不是這些東西一旦存在就有發生膽囊發炎的顧慮和風險？把歷史沿革回溯到最早把不吃早餐列在養生規範中的甲田光雄博士，屬於最早期的「168斷食法」概念，當時博士所提出的方案中有附帶了能量的飲品，我在二〇〇七年的《彩虹處方》中以「能量取代熱量」說明了早餐的變遷，不是禁食，是給予身體生命，不是透過精緻早餐剝奪身體的生命。

當我們與人談話的時候，留意對話、聽話和對話的方式，有人聽話的同時已經準備要答話，也就是他是為了回應而對話，為了告知而說話，聽話的比重非常的低。不把話聽清楚就逕自下結論變成一種風氣，養成了「聽話只要清楚結論」就好，不需要深入道理，也不需要有證據，反正對錯都是別人說的。繼續發生在我們的講堂內，聽了一堂初階後，不少人開始自主斷早餐，因為老師說「早餐是危險的一餐」，這種斷章取義的習性如果是社會教育的一種面向，也就難怪大家都不閱讀，也不思考了，出現不熟悉身體的養生專家也就不足為奇了。

> 長期吃三餐熟食的人會進入身體分配能量的低迷狀態，
> 通常受到影響最大的是屬於隨時要裝備齊全的免疫系統。

就讀醫學院的時候，對於 Carcinogen（致癌物）這個名稱很有記憶，對於很多被指稱是致癌物的成分或物質也都有所認識，概念上癌症的形成來自於這些特定的物質的入侵，似乎不小心被這些物質侵犯的結果，罹癌的機率就大增。仔細回想，是時空背景的問題嗎？現在的觀點不再是如此嗎？事實上從醫學的邏輯推演，身體屬於被動的角色，不能被毒物侵犯，不能被致癌物侵襲，我們的生病風險就來自於環境中太多無法預知也無從規避的毒素。

我們應該接受這種觀點嗎？當然不，不能否認有致癌物的存在，可是癌症的發生必須有致癌環境的牽成，包括當事人不良的生活作息，包括當事人失控的體內環境，包括當事人持續低迷的能量水平，包括當事人一貫的情緒封閉。因此致癌物在癌症議題中屬於很細微的成分，保養得宜的身體不害怕致癌物侵犯，作息合乎自然節律的人不擔心致癌物入侵，身體擁有自主權的人不會因為致癌物就引發癌症。癌症不像感染，不是直線式的因果，把癌症

描述成遺傳性或家族性的說法都是醫療邏輯的被動養生觀。

致癌物不是炸彈，不會接受之後就引爆，不是今天引爆也遲早會引爆，我們被恐嚇慣了，也接納了身體無能的教育，似乎身體就等著被摧殘，似乎身體毫無招架之力。毒物專家的言論影響台灣社會多深，在我個人所接觸到的提問和疑惑中，強烈感受到民間瀰漫著身體失敗論的概念，身體不僅是無能的，還是定調的，好比是一座行動碉堡，隨時可能被敵軍發現而被炸毀。長期觀察毒物專家的言論，預料這種專業資訊將是人類健康世界的深水炸彈，炸死了所有生物，摧毀了自然生態。

毒物資訊民眾懂嗎？致癌物的來歷民眾理解嗎？醫學專業的位階被拉高到一定程度的結果，專業之外剩下的都屬外行，沒有接受過醫學教育的都只有聽話的份。我個人從不懂事的時候開始觀察疾病現象，從接受醫學教育到適應身體邏輯，對我來說是一堂哲學教育課程，人類世界一直存在類似的毀滅程式——只要有一種專業操控在少數人的手上。當一位又一位的專家被專業領域的不確定所征服，當從重症中覺悟的醫生終於說出了真話，即使明瞭一切，還是得繼續觀察環境生態的敗壞。

有人說人人身上都有癌細胞，這句話沒有不成立的道理，說話者的意思是有癌細胞不代表一定會罹患癌症，值得深入探討的是癌細胞和癌症之間的關係。癌細胞可以被免疫系統征服，也可以反過來征服免疫系統，這兩句話說明了癌細胞和癌症之間的關係，

可是在兩者之間的邏輯關係中，致癌物的角色卻不存在，因為癌細胞的形成和癌症的發生都和致癌物沒有關係。分析致癌物、癌細胞和癌症的各種存在，讓這一切都失去存在意義就得用心養護身體，身體需要被尊重，身體需要被疼惜，身體的能力也需要被培養。

隔離致癌物不代表不會罹患癌症，真正的致癌物是飲食習慣和精緻澱粉對身體的持續轟炸，真正的致癌物是與人對立所造成的情緒淤塞，仔細分類，致癌物是居高不下的胰島素，致癌物是身上囤積的毒垢，致癌物是散布在內臟表層的脂肪，致癌物是不再進步的頹廢。

保養得宜的身體不害怕致癌物侵犯，作息合乎自然節律的人不擔心致癌物入侵，身體擁有自主權的人不會因為致癌物就引發癌症。

生病，生了重病，生了自己無法置信的大病，這一刻，不是怨天尤人的時候，不是追究責任的時候。

生病，是身體在提醒，是身體在反制，是身體在抗議，是身體不得不罷工。

生病，是時間的累積，是錯誤的堆砌，是忽視的囤積，是身體忍無可忍的叫囂。

生病，一定有傲慢的足跡，一定有頑固的蹤跡，一定有違反自然法則的形跡。

生重病，出現兩種心境，一種覺悟，另一種繼續執迷不悟。

生重病，前方一定是兩條路，一條康復，最終邁向健康；一條好不了，邁向死亡。

生病，可以來自遺傳，可以來自環境，遺傳的疾病表現需要環境的醞釀。

生病的環境因素不勝枚舉，環境毒素可以列舉的太多，電磁波也

是一種環境毒素，養生的態度不全然是規避，是讓身體去分析解構，進而排除毒素傷害。

生病的環境因素是認知和習慣，不求甚解是一種環境因素，執迷不悟是一種環境因素，養癰遺患是一種環境因素，認知偏差，習慣不好，最終生病。

生病的環境因素是相信醫療，因為相信醫療而遠離養生，因為相信醫療而捨棄養生，因為相信醫療而被動養生，因為不養生而養病。

生病，可以來自認定，認定會生病，認定病不會好，認定自己得了不治之症，甚至認定自己運氣不好。

生病最終連結死亡，應該是老化連結死亡，老化卻不一定連結生病，老化和生病的連結形成一種認定，結論是，生病可以不必連結死亡。

生病難以避免，這是一種認定，透過意識主導路線，透過意識傳導決定，透過意識干擾身體的判斷，好比透過意識決定食物，同時認定身體必須被動的接受指令。

生病的康復仰賴藥物也是一種認定，身體的努力微不足道，藥物有貢獻是不斷被放大的認定，最終形成藥物副作用和生病之間盤根錯節的關係。

生病是意識的產物，意識是情緒，情緒是意識，意識干擾情緒，情緒干擾意識。

生病是意識不斷放大的結果，生病是意識不斷干擾身體的結果，

生病是大腦意識和身體意識無法溝通的結果，生病是身體意識被打入冷宮的結果。

生病來自未能分清因果的意識，生病來自倒果為因，生病來自認因為果，生病來自於忽略造成生病的因，生病來自於總是處理結果而忽略了原因。

生病的源頭是意識，要求特效是意識，打聽名醫是意識，沒有主見是意識。

生病存在孤獨的意識，慌張自己製造，痛苦自己承受，心灰意冷自己感受，免疫系統豎白旗也只有自己知道。

生病可能不是生病，生病可以不是生病，不想生病就不要相信生病，不願意生病就告訴自己不會生病。

生重病，出現兩種心境，
一種覺悟，另一種繼續執迷不悟。

095　切除

「我必須把妳的子宮拿掉，裡面的肌瘤多到會威脅妳的健康！」

「我建議你把膽囊摘除，以免突發性膽囊炎隨時都可能發生！」

「你的盲腸發炎，這是一個小手術，馬上可以安排！」

「你可以考慮做束胃手術，這是減輕重量負擔非常有效的途徑！」

「為了避免乳房目前的硬塊持續擴大，我建議妳做全切！」

以上都是專業醫師每天面對病患的正常談話，多半不是討論性質的互動對話，是一方強勢交代事項的話語。如果發生在這一刻，如果發生在你身上，我建議往兩個方向思考，首先，自己的身體是如何造成今天的局面，其次是切除是否是唯一的解決方案。把醫囑當成權威式的告誡是民間最大的迷失，切除就能避免擴散更是超級大的誤解，因為病灶從來都不是問題的真正所在，我們不認識自己的身體是最大的問題，我們在生活中不斷打擾身體是忽視問題根源所衍生的更大問題。

真心奉勸每一位此刻依然是如此看待身體的醫師們練習看整體，從身體的立場，從身體的自主思考，病灶發生處不是病灶，病灶之所以存在有其來自於心的本質。人體為心設定好與愛的連結，愛是一種正念的延展，愛自己是基礎，愛自己的細胞和組織，愛惜自然的所有賦予，愛惜生命中的機會和緣分。健康是身體的最高目標，身體理解所有有礙健康的狀況或存在，身體有能力排除所有干擾並且影響健康的發生，把器官移除完全不是身體的主張和解方。

決定把自己身體的一部分切除並非愛自己的行為，身體不會做這種決定，也不會認同這種做法，做這種決定的是永遠狀況外的大腦。大腦接受了把自己的一部分割除的建議，事實上這種做法失去了反省的能力，嚴格說這只是人類自大傲慢的冰山一角。健康存在一種整體的平衡觀，身體失去其中一部分之後是有機會發展出全新的平衡，身體調整以及善後的能力不在話下，問題總是不經過切除就能自行調整，切除是多此一舉，是不智之舉。

我個人在尊重身體的路途中體悟到身體的卓越，進而領悟到和身體互動的態度，深知熟練身體的邏輯脈絡和想法是你我不應忽視的功課。聽到少了某個器官的故事，碰到決定要割除器官的個案，事情肯定發展到不好收拾的處境，已經發生了或者即將發生都給予祝福，可是必須要提醒尊重身體的完整性。愛自己是很簡單的開始，父母親給我們珍貴的身體，我們甚少學習如何珍愛自己；糟蹋身體不說，最不堪的結局是割除身體的一部分，或者使

用很毒的物質對身體進行侵犯。

想想身體是如何愛我們的，從每一天的作息看到身體為我們善後的態度，良知其實也是身體的一部分，大腦必須知悉。

從身體的立場，從身體的自主思考，病灶發生處不是病灶，病灶之所以存在有其來自於心的本質。

溝通一直是我熱衷的工作項目，誠懇對談是我很嚮往的工作情境，自從投入養生推廣，自從我熟練一般人所不熟練，知道生命指引協助需要協助的對象。這份工作的內容就是引導看到全新的視野，十多年經驗下來，發現到處都是被恐嚇的無辜白老鼠，人人都變成對於未來充滿恐懼害怕的受害者。這不是危言聳聽，不知道是為誰而活，不清楚該為自己而活，因為生命不在自己手上，在醫生的手上。

我知道很多醫生在看到這種論述會極度不悅，大家都該學習用超越自己立場的角度去觀察現象，社會的大圖像如此，我們即使看不到多數人內心的恐慌，這些心理素質則來自於一句又一句醫生言論的重複加壓。坐在我面前的沉重表情都歷歷在目，他們話中的恐懼，他們的言語中所透露的害怕，他們的生活居然毫無自信可言。多數人缺乏健康圖像，只有疾病圖像，他們多半認定健康只有每況愈下的機會，他們都認為身上的不確定感只會越加的嚴

重。

用對錯的視角評論總是引發不愉快的對立，醫療方忽略身體立場是事實，醫療邏輯沒有回到根本是事實，醫療處方在問題的外圍施力也是事實，民眾越把自己委託給醫療就越加遠離健康也是事實。我們不當這是錯誤，當這是當前人類的一大難題，是人類面對未來的一大隱憂，問題之所以嚴重失控，是藥廠的地位和權力被無限拉高，是擁有利益版圖的人執意要併吞他人的版圖，是既得利益等比級數的被放大，是權力和利益遙控了人類的思想。

身是自己，心是自己，靈是自己，健康是三者的協同和平衡，可是在主流醫學的領空中，身和心被拆開，身和靈不在一起，心和靈更是各自為政。我們可以從醫療分科看出一些端倪，精神科和癌症腫瘤是各自獨立的科別，肝膽腸胃和睡眠醫學區分明確，營養師門診和婦科門診沒有關聯，可是在身體失衡的軌跡中，這些科與科之間的關係不能被切割，這些看似不相關的病症之間是多重關係的堆疊。

養生從願意的方向是何等的單純，可是從一般民眾的觀念習慣去嫁接，困難程度是無法預期的大。在我的觀察中，似乎長期和醫療對接的人身上都被植入了不認識自己的晶片，他們都不打算為自己奮鬥努力，每個人的意念中都只剩下苟且偷生的機會，每個人心中都感覺到蒙主徵召是隨時都可能發生的事。熟練身體語言是美好的轉機，除了還原身體的原始能力，同時是現代人經營健

康的基本技能。我個人在頓悟的鞭策中看懂民眾的徬徨不安，也更加堅信站在十字路口指揮交通將是人生旅途的重大任務。

只是一個決定，願意努力還是放棄努力，期待更好還是兩手一攤放棄所有可能的轉機。重生，只是一個念頭的轉換，一個簡單的決定。

在主流醫學的領空中，身和心被拆開，身和靈不在一起，
心和靈更是各自為政。

097　憑什麼

猶記得國高中時期為了分數而跟老師斤斤計較的日子，回想當時的價值理念，除了證明自己比別人優秀，就是為了取悅父母親，成績曾經是無法取代的價值。這是我成長過程的教育體制，用力拆解的結果，發現內容盡是空洞的學習，學不到怎麼愛自己，只知道要取悅老師和父母親。讀書為了考試成績，大學時期即使進入真正求學問的軌道，身旁還是有不少只讀考古題的同學，社會充滿著表面功夫的追逐早已由來已久。

一生都遠離自己的核心價值是極度悲慘的事情，生長在有充分自由探索自己價值的民主社會，可以依著自己的良知而活，可是依然很有可能終其一生說不出一句自己心裡的真話。因為處處是場面，到處都有必須顧及的情面，尤其是寄人籬下必須考量身分和立場，尤其是當學歷和財力都不及別人，我們很熟悉言不及義的話，我們可以昧著良心一天過一天。

坐在醫生面前，指望醫生在最短的時間內還你健康，爭取健康或許是權利，問題是你的義務呢？如果醫生很不客氣的問你「憑什麼」，你是否在驚恐中反問自己盡了多少義務，事實上最有資格問這個問題的是你自己的身體。每天所面對的就是強力滿足口腹之欲的場面，每天所應付的就是身旁的人和牆上的鐘要求要吃的情面，精緻食物透過身體傳導誘導我們，我們也在滿足的極大化中熟練自我欺騙，我們總是告訴自己這樣吃沒事，至少這一刻還沒事。

傾聽身體的聲音對我們來說是耳邊風，其實不是不想聽，是不知道怎麼聽，也聽不懂。想起當學生的時候不認真聽課，只求考試過關；好比交女朋友只想要性福，完全不理會對方的需求；類似於上班只求有錢領，完全不在意客戶的權益和感受。只顧著回應飢餓感就類似言不及義，因為沒抓到重點，因為沒顧及身體的需求，只想到考試前一天拿到考古題，只想到掛門診時可以拿到醫生手上的特效藥。

不少慣性進入我們的價值體系，講究速成是一種，不明就裡是一種，理所當然是一種，信奉專家言論是一種。專家其實不一定意圖騙人家，可是當專家也不明就裡，當專家也理所當然，當專家也是速成一族，終於形成民間一窩蜂的道聽塗說，終於演變成到處都有專家。曾經被提醒要和身體對話，回首這十多年走過的路，看到處處都是不認識身體的專家，處處都是做表面功夫的養生教條，處處都是缺什麼補什麼的講究，想起前輩的提醒，慶幸

自己了悟身體的價值。

應徵工作想要錢多事少離家近，先問自己憑什麼，面對醫生想要
有特效藥，先問自己憑什麼，站在醫院的重症病房前，問自己憑
什麼可以永遠隔離這樣的對待。

面對醫生想要有特效藥，先問自己憑什麼，站在醫院的重症病房前，
問自己憑什麼可以永遠隔離這樣的對待。

哈
囉   098

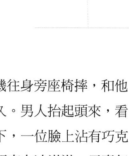

坐在車上對著手機咆哮的男人狠狠的把手機往身旁座椅摔，和他吵架的是他妻子，兩人因經濟壓力失和很久。男人抬起頭來，看到身旁一部紅色轎車駛過，後座的窗戶搖下，一位臉上沾有巧克力的小女孩對著他招手，女孩正開心吃著巧克力冰淇淋。天真無邪的微笑和招呼似乎削減了一點怒氣，小女孩送來了光明和希望；男子突然發現自己身處一個冰冷的世界，另一個溫暖的世界正在向他招手。

男人開著車前行，經過熟悉的白色教堂，教堂外的乞丐拿著寫著「希望」的紙板。前方因事故造成車陣，男子停下車，往人群走去，看到四輪朝天的紅色轎車，男性駕駛躺在路上奄奄一息，救難人員正在為一位小女孩急救，小女孩的母親情緒幾乎失控的在一旁痛哭。原來小女孩對著男人招手的同時，父母親正在激烈的爭吵，女孩可能熟悉這種劇情，轉而向外找尋可以令她開心的臉龐。

圍觀路人心繫小女孩的狀況，男人也焦急的看著急救畫面，直到女孩甦醒，女孩媽媽欣喜若狂，現場歡聲雷動。男人轉身離去，拿起車上遮陽板上的全家合照，提醒自己還有一個溫暖世界。這是一首英文歌曲〈哈囉，世界〉的影帶劇情，就從大人與小孩的不同世界看起，不只大人有壓力，小孩也承受不小的壓力。小孩所承受的不僅是壓力，還有風險，小孩面對的不僅是大人世界的無情，還有無明。

從小小生命所承受的無酵素奶粉到國高中的升學壓力，小朋友的成長過程籠罩在雙親的無知無明中；我們引導孩子去追逐對他們來說可能是毫無意義的物件，可能是食物，可能是名利。延伸影片中的劇情，有多少比例的孩子從小就目睹父母親的爭吵，大人們無法忍一時的情緒，也不去思考這種壓力可以在孩子身上轉變成病痛的因子。我個人也是從小耳濡目染大人們的不和睦，長大後釐清大人世界的不成熟和自私自利，領悟到成年世界的社教學分都得重修。

小心我們在成長過程只學會了自私和對立，遠離了愛，遠離了責任，遠離了承擔。大人除了把負面情緒帶給子女外，不再學習的態度也直接間接留給孩子們傷害和傷痛。觀察周遭世界，不是小小咳嗽就趕緊就醫，就是每餐都要求孩子吃飽吃撐的家長。大人們繼續忙著賺錢，忙著吵架，忙著生氣，忙著疏離，忙著忽視孩子的心智發展，忙著忽略孩子的生理承受，忙著削弱孩子的免疫力，忙著把自己不重視健康的後果丟給孩子們承擔。

從剖腹產到不餵母乳，從讓幼兒打疫苗到吃抗生素，小時候不乖當眾被父母修理，修理孩子的父母年老後把不照顧自己的後果留給子女承擔，這真是人類扮演最高等生物的示範？當孩子出生對著世界說「哈囉」之後，大人所提供的世界是如何回應天真無邪的慈悲生命？

大人除了把負面情緒帶給子女外，
不再學習的態度也直接間接留給孩子們傷害和傷痛。

099

寫給四十歲的女性

美麗是女人的共同目標，從保養品和化妝品的市場占有率，可以顯現女人可以為了美麗而出現強烈動機，不能忽略新一代的醫美市場，可是當我們把動機的位置仔細的端量，不難看出廣大的市占率一概以外在動機來勾引消費。我指的外在動機包括消費的誘導和外表的裝飾，進一步深入相關產品的內容物，添加物大量曝光，對身體進行侵入也在所不惜。

人們真的會為了眼前的好處而犧牲未來的自己嗎？未來的自己是真正健康的自己，未來的自己是全方位美麗的自己，每一位女性朋友都可以自問：妳熟悉這位未來的自己嗎？可以確定的是，每天在臉上塗塗抹抹的女人都認為這是在為未來打基礎，我們直接從結果來論述美妝市場的最終成效，進入老年後之所以見不得人，是年輕時的動機和行為有很大的瑕疵。塗抹在臉上的內容物一旦干擾到皮膚的正常代謝，在臉上形成不正常的陰影，這也是一種短視近利所造成的傷害。

提到短視近利，聯想到我個人成長過程所接觸的教育，我們上一代和他們的上一代多半不清楚生命的價值所在，爭功諉過是我所見證的成長環境。健康是重大價值，我們卻親眼見證傷害以及破壞健康的教育，這些年我們繼續見證醫美產業蓬勃發展，這是一種營業方和消費方都短視近利的代表，標準的一個願打一個願挨的模組。我們從本質面和動機面分析醫美的成長，從身體大自然的本質對照藉外力干擾身體運作的動機，人們不認識未來的自己的確是極其嚴重的失焦。

由於我的學員多半是女性，對於女人的動機和心態多了些觀察和意會，我對於四十歲左右的女性出現關鍵的覺察和提醒。分析當今的飲食習慣和生活壓力，女人平均在四十歲進入身體走下坡的轉折，生過小孩的從身體的經歷和環境的現實面加速轉折的醞釀。是否在轉折前建立和身體對話溝通的基礎，成為是否延後下坡起始點的關鍵，也就是越早清楚掌握身體意識的存在，當事人越早穩住身體的平衡機制，不致於因為食物、藥物、添加物的干擾而導致退化和老化的提早到來。

和自己的身體同理是養生的重要核心，認識身體和認識自己是關鍵的起始，愛自己以及看到未來沒有病痛的自己成為改變的明確動機。我個人觀察女性學員與身體對話的年齡對比，看到時間和習性所帶來的辛苦面，四十歲或五十歲開始都不是問題，問題是後者要比前者耗費更多的資源。只能說，囤積是可怕的壓力，對身體來說，情緒的囤積或毒素的囤積都將製造淨化的困難度，這

十年之間的差異必須置入脂肪的角色，脂肪組織的囤積對於女人來說必須付出極高的時間成本。

本文的靈感來自於幾十位三十多歲的女性學員的啟發，我很榮幸成為妳們的養生啟蒙教練，也很感謝妳們的學習態度賦予我滿滿的教學相長心得。

囤積是可怕的壓力，對身體來說，
情緒的囤積或毒素的囤積都將製造淨化的困難度。

100

寫給六十歲的女性

女人的三十歲和六十歲有什麼差別？這個問題讓已經過六十門檻的女人來回答肯定比較有對比性，就拿出兩張照片來對比，有可能根本看不出是同一個人。為什麼這個問題只限女人，先為女人小小辯護一下，就我個人的案例，四十五歲和六十歲就幾乎是完全看不出相似度的兩個人。可是我把老態和年輕顛倒了，我的故事屬於重生的版本，不養生的男人極可能在十年的時間內臃腫化和老化。女人的差異性從脂肪的比重發展出，只要關鍵三十年習慣不改，就變成另外一個樣子。

女人囤積脂肪的實力勝過男人，這個真相有女人肩負孕育生命的基礎，可是這個基礎只能用來論述男女的差異，不能牽扯到女人邁入老年後身軀的走樣。養生的基礎必須回歸脂肪的來源和動線，女性朋友尤其必須學習這個學分，牽涉到身上的脂肪配比，牽涉到代謝速度的變動，當然也牽涉到性別角色的不對等。女人在三十年之間從纖瘦到肥胖的比例很高，問題出在不養生，應該

說真正的問題在觀念錯誤，根據民間的傳說去演練生活作息，在以訛傳訛中導致健康每況愈下。

熟悉肝臟製造七成脂肪的知識，這則資訊有其背景上的錯置，基礎是民間普及化的精緻澱粉主食，所以肝臟承接脂肪轉換的工作有其時代背景，應該說現代人的肝臟肩負了七成脂肪生成的任務。從行為的本質論述，嚴重程度理應是男人大於女人，男性的食量多半大於女性，可是身體的能量運用有其時間軸的基礎，食量的影響程度小於密集飲食的干擾程度，吃三餐精緻澱粉的女性從此居於劣勢。

隨波逐流是一種情勢，環境態勢如此，興起養生的念頭，所有人都跟隨傳媒資訊，搞錯方向，也走錯了路。三十歲進入醞釀三十年後的肥胖和臃腫，這三十年之間不知道誤信了多少養生方法，經歷過幾次的減肥努力，所有傳授養生方式的專家都在身體的外圍做文章，執行養生的人也同時為身體置入各種外力，關鍵的障礙落在每天重複出現的飢餓感。徒勞無功是多麼令人沮喪的感受，這是今天人類世界存在的現實，操控資訊的單位從既得利益出發，接收資訊的單位從崇敬相信出發。

六十歲的腫狀如何回到三十歲的纖細，這不是減重的議題，是認清身體意識的課題，來自回歸身體天賦的起心動念。六十歲的妳必須先把腦袋裡面關於健康的種種全都丟掉，沒有任何醫生的言論，不再保留任何營養師的提示，這些道理都和身體意識抵觸，

這些經驗值都導致和自己身體的疏離。練習從每天的基礎讓身體充分休息，體恤身體正是養生動機之始，學習身體學分是把主控權歸還給身體的真諦，熟練身體之道後就可樂觀期待凍齡的結果。

減肥和抽脂都是腦袋的認知，在身體的視窗中，那些是違反生物設定的超級誤會，人類或許聰明過度，從結果論回溯，人類的自私和自大永遠是罪魁禍首。

女人在三十年之間從纖瘦到肥胖的比例很高，
問題出在不養生，應該說真正的問題在觀念錯誤。

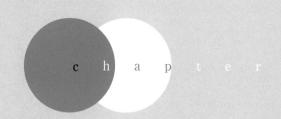

c h a p t e r

第十章

除垢行動

「我們身體所攝取的一切都會影響體質，包括我們所吃的食物、吸收的毒素、服用的藥物、定居下來的細菌種類，就連想法、感覺及關於自己與世界的信念，都會影響免疫系統的土壤。」

——《哈佛醫師教你喚醒自癒力》／傑佛瑞・雷迪格

傾
訴

一位女士暗戀辦公室一位男同事，對方其實也對這位女同事很有好感。男未婚，女未嫁，可是都沒有機會表白，事實上不是沒有機會，是沒有勇氣，是在一群看戲的同事面前演出清白，兩個人心中都有不方便啟齒的祕密。有一天男同事在上班途中發生意外身亡，辦公室同仁獲知訊息後一片低迷，啜泣聲不絕於耳，突然之間聽到慘烈的哭嚎聲。哭聲來自這位女士，大家難過的情緒一致，唯獨她怨恨自己不曾勇敢表露自己的心意，唯獨她感受到可以掌握而硬是錯失的機會。

聽過生重病之後的吶喊，內容是想做的事情還很多，至於真正想做的事情是哪些，可能連當事人都說不出個所以然。「未完成事項」屬於我們記憶體中存在的一種概念，只是存在，只是曾經勾勒，卻不見彙整或規劃，有些甚至只是遐想的遺痕。我母親辭世前幾個月，有一天上午我陪她在武昌街逛舶來品，中午就近在一家歷史悠久的西餐廳吃午餐，那是我們母子冷戰一年多之後。我

們面對面坐，等候上菜的時候，我們雙手緊握，母親的手很用力握著我的手，然後雙眼盯著我看，那一刻老人家的眼神和體溫都還歷歷在心。

是否有很多話該說卻一直說不出？答案很肯定，我們都會假裝堅強，我們都很要面子，我們很難在應該說出真心話的時候，把心交出。「死鴨子嘴硬」不是形容鴨子，是形容人，就是有那種寧可把自己逼到絕路還不認錯的人，我們該面對的是一種連自己的靈魂都不願意掀開的頑固。「未完成事項」不是哪裡還沒機會去玩，不是哪個東西還沒擁有，「未完成事項」的首選就是說出心裡話，「謝謝你」最容易，「對不起」就有難度，「請原諒我」屬於高規格的道歉，至於「我愛你」更是東方世界家庭文化中重度缺乏的真誠對待。

如果你有一位可以說真話的對象，是不是一件美事？如果有一個朋友可以交心，是完全不加掩飾的裸露真心──心中所隱藏的愛與恨、情與仇，甚至長久無法公開的傷痛或祕密。如果你為人父母，你的孩子不願意對你交心，一定是你在雙方的互動以及陪同的歷程沒有盡力；這是我和兩個兒子之間的劇本，修補變成重大的善後工程──即使不是一蹴可幾的事情，即使這是有賴雙方都打開心門才能進行交流的過程。我想強調「疏忽」的破壞力和「扮演非自己」的殺傷力，故事總是如此這般發生，即使是願意彌補的當事人都不知道要如何啟齒。

人不能不真實扮演自己，不能在失去專注的情況下又回到戴面具的自己，不能以假的自己去演出和對方交心的劇情。人的病痛幾乎都源自於不在意的隱藏情緒，感覺不被關心是一種，感覺不被愛是一種，感覺沒有對話的頻率是一種，感覺不快樂是最不樂見的結果。不快樂經常隱形的存在，愛上很快樂，無法表達的愛就會逐漸遞減快樂，達不到目的地或是被拒絕的愛會有一段時間的失落感。

發掘出生命價值就好比發掘出自信，認識自己就知道如何善待自己，為何同理心是重要的修持，因為我們都需要被關心和被愛，因為我們都需要在最信任的環境中把自己交出。我們都得學習示弱，我們都得找到可以傾訴的對象，我們也都得成為別人願意放心傾訴的對象。

「未完成事項」不是哪裡還沒機會去玩，不是哪個東西還沒擁有，「未完成事項」的首選就是說出心裡話。

收押禁見之後，法官在特定時間開出假釋金的數字，那是超出當事人能力範圍之外的數字，能不能回家就進入兩種價值之間的抉擇，一邊是金錢，另一邊是自由。遠赴金門馬祖服兵役的男生最能體會這種短時間休假回家的價值，可能兩個月前早已引頸期盼，即使是休假，這種回家對照外出旅遊的回家就不一樣，有一種元素非比尋常，就是自由。如果你曾經在自由與財富之間取捨，對於類似的生命經驗有很深的記憶，自由無價，健康存在自由的意境，因此健康當然也無價。

人生閱歷豐富的人對於困難會有自己的解讀，有人說「錢能解決的問題就不是問題」，這句話從用錢買自由的經驗看一點都不假，錢在有錢人眼中可能就只是一個數字，他們所關注的是這個數字所能處理的相對問題。在這種金錢與問題的對價關係中，提供我們看懂特定人士的價值觀，他們不缺的是錢，所以他們也不缺透過錢處理問題的手段或能耐。萬一所謂的問題是自己的健

康，一樣是可以用錢解決嗎？事實證明他們的價值體系中真的存在類似的備案。

法官願意放行的標準何在，有人要準備一億，有人只要一百萬，同樣屬於無價的自由，為何有層級之分？這部分你我都懂，我們不懂的地方是有人願意花一億換取永遠的自由，有人就在假釋之後逃之夭夭。他們需要一本假護照以及未來的假身分，這些不方便的牽絆為何變得無關緊要，因為自由終究凌駕在所有的不方便之上。不惜傾家盪產換取自由的故事不少，不惜失去自由換取健康的案例可能就沒聽說，仔細想想，健康無病痛和自由之間萬一出現取捨的時候，你怎麼選擇？

成本是什麼？預算是什麼？費用又是什麼？在一份重症確診書之前，成本是一種思考嗎？預算是一種思維嗎？費用是一種考量嗎？其實真正要思考的是一條命的價值，如果出現花大錢拯救一條命的念頭，這種事情便會讓我回想起大學時代的仰賴考古題過關的同學。我們必須有錢才能生活，金錢和生活之間的對價是事實，問題是這種對價思維終究會干擾無法對價的關係。聽過想用錢來解決親子關係的故事，也聽過企圖用錢彌補人命損失的罪過，總得覺悟的是：人生不是凡事屬於買賣的交易。

還原身體之道好比睡覺一樣沒有成本的概念，我們不會每天晚上躺在床上就必須付出成本，外宿的花費不是睡覺的成本，是不在自己家睡覺的成本。養生真正的道路只是念頭的轉換，意念沒有

成本，決心不需要花費，跟自己對話不用花錢，可是當我們意識到必須透過一些材料來協助身體甦醒時，我們居然遲疑了。如果健康的價值凌駕在自由之上，如果健康無價，為何我們總是面臨價格和成本的考量？為何我們總是讓有價的物品把持了無價的健康？

遠離病痛是終點，零成本必須是你的覺知，否則遲早得面臨花錢買健康的抉擇。

‖ 自由無價，健康存在自由的意境，因此健康當然也無價。

103　對話（上）

熟練斷食之後，「對話」出現在我的文字中，對象不是人，是身體。熟練間歇性斷食之後，「和身體對話」更是每日不停歇。文字是一種對話方式，手語是一種對話方式，身體也有屬於身體的表達方式。思考頻率不同的兩個人對話叫做溝通，思考頻率相近的兩個人對話可望培養默契，話不投機半句多，思考模式不相容的兩個人對話之間沒有交集，好比很想脫離一個磁場不相容的環境。

身體的思考屬於領先指標程式，不求回報也不計毀譽，義無反顧而且使命必達。如果大腦裝載的屬於落後指標程式，和身體可以出現短暫的溝通，直到雙方不再有任何交集，這個時候不是身體放棄大腦，是大腦捨棄了身體，是大腦選擇不再相信身體。所以重點在信任，不相信和不信任都來自於不相同的頻率，都源自於不相容的思考模式，不信任身體卻指望身體能回饋健康，那是緣木求魚式的夢幻。

在練習和身體深度對話之前，簡單演練和人之間的對話方式，領先指標提出要幫忙的誠意，落後指標提出條件交換的誠意，都展現誠意，這個時候看對應方是否屬於相同的思考模式。領先指標和領先指標很好溝通，落後指標和落後指標也可以溝通，只要條件交代清楚，問題比較容易出現在不同思考模式之間的對話，我們和身體之間的溝通障礙屬於最典型的範例。把飲食和時間綁在一起的人捨棄了身體的立場，每天餵身體一把藥物的人忽略了身體的聲音，總是期望身體快速回應效果的人無法理解身體的思維模式。

在對身體提出可以為它做什麼之前，先瞭解身體的需求，先釐清身體的優先順序，先確定身體最希望收到哪方面的支援。身體渴望得到休息的機會，就是可以一段時間不處理食物，沒有處理食物需求的身體將集中火力處理廢物，一旦希望身體能夠處理廢物，必須賦予身體足夠的休息時間，這是休耕的概念，也是大掃除的概念。何以身體可以如此機動的調整因應，因為身體配備了領先指標的程式，因為身體知道做該做的事情，在能力範圍之內，身體責無旁貸而且主動積極。

話題回到信任，有信任就連結到責任，信任與責任兩者之間相輔相成，懂得負責任的身體其實只需要徵求我們的信任。身體其實要的不多，只需要我們願意給予充足的時間，時間將被身體轉成空間，只要時間騰出，只要能量集中，身體自然會逐步的清運管道中的淤塞。間歇性斷食被詮釋成為仙丹妙藥，關鍵在身體的領

先指標思維，每天終究是讓身體熟悉不被食物打擾最佳的執行單位，每週終究是把間歇性斷食執行出成效最佳的計畫模式。

在繼續出現任何疑惑之前，只要明白身體是怎麼思考的，只要相信身體會如何回應長時間沒有食物進駐的誠意，接著就剩下個人持續力和耐力的考驗。

不信任身體卻指望身體能回饋健康，
那是緣木求魚式的夢幻。

人有情緒，情緒被情境所帶動，情境可以是人的組合，可以是音樂的醞釀，可以視現場主題的氣氛，情境有可能輕鬆有活力，也有可能嚴肅而且拘謹。人與人之間需要連結，善意和真心的對話創造正面的情緒和情境，真心關懷是初衷，碰撞出來的正向磁場可以成為健康的憑藉。想像真心的平方，想像感動的平方，想像愛的多項式，想像一個充滿正向能量的磁場中的相互關注和影響，想像簡單的對話可以形成執行效率高的默契。

情境屬於養生的一環，情境直接或間接影響到健康，可以細部檢視每一次對話，可能是兩個人之間的對話，可能是一群人之間的對話——假如有信任的基礎，也有團結的共識。我們可以試著把情境的認知縮小範圍到自己，也就是個人的情境，如果還需要團結，如果還有信任的存在價值，是跟誰團結？是對誰信任？身心靈不只是兩造，是三方，和自己團結共處應該不是太過抽象的意境。

自己和自己之間需要團結合作，不應是個案或特定事件，必須變成常態，類似的情境將為健康奠基。譬如說大腦和身體之間的對應關係，似乎大腦和身心靈之間存在不小的距離，大腦有身的結構，有心的連結，也有靈的連動，自己和自己之間有沒有機會放大成大腦和身心靈之間的對話呢？萬一大腦太過於獨霸，萬一大腦不夠客觀，萬一大腦沒有機會認清身心靈的重要地位，我們的健康危機甚至風險是否可能來自大腦的專制與跋扈？

大腦和身體要如何團結共處，關鍵在大腦要對身體全然信任，但環境並不存在類似的觀點和教育。我們在遠離身體的養成中長大，不解身體的責任感，不知道身體對於維繫健康一直無怨無悔的付出。大腦遠離身體是一種健康危機，大腦不認識身體是一種健康迷失，大腦不信任身體是一種全面性的社會偏執。沒有信任也就沒有對話，沒有信任也就沒有合作的基礎，大腦不信任身體也就遑論健康。

有機會明瞭身體的需求就有機會信任身體，信任身體就願意給身體機會休息，斷食提供和身體對話的入口，這個入口接著提供繼續和自己對話的機會。和身體對話是第一步，可能半年，可能兩三年，和身體之間培養出絕對的默契，接著將進入和過去對話的階段。探索到過去的傷痛和陰霾，追蹤到過往不愉快和怨懟的累積，勇敢釋放深層的情緒，讓內分泌系統和免疫系統取得共存榮的最佳平衡。

和身體對話以及和過去對話之後，將是為自己生命負全責的時機，也就來到和未來對話的階段。感謝斷食這麼簡單的入口，讓我一路深入和自己對話的練習，讓我有機會把所有的領悟整理成一份教材，讓所有的善緣一起進入自己和自己對話的練習，和自己和平共處，和自己和解，創造出屬於自己獨一無二的價值典範。

信任身體就願意給身體機會休息，斷食提供和身體對話的入口，這個入口接著提供繼續和自己對話的機會。

105　問題背後的問題

回答問題是我工作很重要的一部分，問問題很重要，問對問題更重要。

害怕提問只有一種解釋，自信心不足，唯恐問題有破綻會丟臉。

面子是學習最大的障礙，這是十多年來輔導學員的觀察。

探討養生的核心價值，學習重心經常是被重視的程度，而非自己領悟。

這是個人修為，同時也是競爭和比較所創造出來的心態失衡。

面子擋在前方，有人學了三分，有人只學了一分，有人的滿分是兩分。

聽到問題，同時理解提問者問題背後的問題，問題就不難解答。

從身體之道看問題，只要引導進入身體之道就能處理問題。

問題都因遠離身體之道而起，只要熟練身體之道，問題迎刃而解。

進入身體之道前做好準備，知道身體之道是家，知道身體有道是

根。

養生的動機是回家，家是心之所繫，養生必須養身也養心。

身體是養生的家，靈魂是養生的本，心智是養生的根基。

大腦所提的問題都不是養生的問題，只是回家的路中停下來問路。

回家的路即使有地圖，還是得出發，回家的路是走出來的。

在還未回到家之前，都得認真問路，勇敢問路之後更有信心可以回到家。

沒有問題的人多半是不敢提問的人，不願意問路的人多半是名相作怪的人。

離家太久太遠才會有問題，問題之中還有問題，問題的背後還有問題。

問問題不一定代表行動，問不出問題內的真正問題，永遠有問不完的假問題。

解決問題的最好途徑是行動，自己找出答案遠勝過別人直接給答案。

養生行動存在一條祕徑，出發之後很快可以到達目的地。

回家的路可以極度遙長，也可以因精簡而縮短，精簡的訣竅在單純。

單純的要訣是相信身體，身體很近，就在隨時可以觸摸到的地方。

回家的路方向很明確，方向反了就回不了家，相信身體，方向就

明確。

方向反了有問不完的問題，方向調整之後原來的問題就不再是問題。

病痛的處理不是問題的核心，症狀的消除不是問題的重心。

人們都能理解治標和治本的差異，卻很習慣以治標的視角經營健康。

二十年的脂肪物流為癌症腫瘤奠基，十年的情緒幽谷為癌症腫瘤鋪路。

確診之後完全進入治標思維，病症怎麼形成的不是問題的重點。

經過化放療之後復發，因為從來都不曾治本，生活習慣沒改變只是表象。

醫療的問題在看不到真正的問題，民間的問題在遠離健康的核心問題。

一知半解是問題，不求甚解是問題，理所當然是問題，視而不見是問題。

手術割除或許解除了問題，卻可能製造更大的問題。

吃藥抑制症狀或許解決了問題，卻無法根除真正的核心問題。

一直試圖解決，卻是永遠解決不了的問題，因為試圖解決的問題不是問題。

一個問題重複發生，代表處理問題的方式或角度才是問題。

減肥的念頭是問題，治療的念頭是問題，因為健康沒肥減，健康也沒有療可以醫。

我們應該練習問問題，練到問對問題，練到可以回答問題。

我們應該練習相信身體，回家的方向對了，路就對了。

身體沒有存不存在的問題，沒有會不會的問題，沒有行不行的問題。

養生沒有會不會的問題，沒有懂不懂的問題，只有做不做的問題。

健康沒有有沒有的問題，沒有快不快的問題，只有信不信的問題。

回家沒有想不想的問題，沒有要不要的問題，只有家還在不在的問題。

‖ 身體是養生的家，靈魂是養生的本，心智是養生的根基。

106　算命

因為疑惑，人求助算命，命是人算的，還是天算的？一個人整天不幹正事，只求天上掉下來一筆財富，算命師或許算得出來，假如老天真願意給一筆橫財，老天也有可能哪天直接沒收一切。命是天給的，健康又何嘗不是？母體給予新生兒的所有資源是一條天道，人體透過細菌建構健康的梁柱也屬天道的一環，在生命與生命的結合和轉換中，遵循天道的生命就綻放，大自然孕育的生命就生機盎然。

過去的不論對錯好壞，就是過去式，重點是即將成為過去的今天怎麼過，即將重複出現的每一個今天要怎麼過。這一刻所承載的是過去的視窗，還是已經更換了淘汰舊習的新視窗？我們可以每天更新，也可以每天重複昨天的慣性，我們可以告訴自己已經很好了，也可以勉勵自己永遠更上一層樓。學習養生會有極關鍵的一天，以及重生之後持續更新的每一天，重生的關鍵在過去的積習是否徹底揚棄。

「我現在開始來得及嗎？」「這適合我嗎？」「我的病會因此而好起來嗎？」「我可以一步一步慢慢來嗎？」這些都是常聽到的提問。這些問題來自於過去的陰影，要深思的是為何拖到這一刻，問自己這一刻有沒有可能將是生命最關鍵的轉折。當然，過了這一刻，過去累積在身上的毒將會越來越毒，過去囤積在身上的廢物對健康的危害只會越來越大，因此這一刻必須不一樣，這一刻一定要更新。

為自己算命吧，繼續相同的生活方式，繼續每天填補食物和藥物，繼續經歷不確定和沒把握，繼續對身體裡面的所有發生感到陌生害怕，繼續在最無助的時候對醫療展現強烈的需求。明年此時會比現在更好嗎？五年後呢？十年後呢？想想三十年後自己的處境，無常如果存在一條軌跡，軌道上處處都是自己的設定。我們在生命道路上為自己埋下不知何時會引爆的炸彈，當我們從無常的角度解讀猝死的個案，總是忽略猝死其實充斥著預謀的足跡，理直氣壯的迎接理所當然的引爆。

或者，換一個視角為自己算命，換一種態度為自己決定命運，換一種生活模式徹底更新自己的命運。既然人算不如天算，那就把決定權歸還給天，真相其實就隱藏在造物的仁慈與厚道中，因為造物把健康的天職早就授權給我們的身體，健康的天就在身上，健康的能力和天賦都在我們自己身上。所有的疑惑身體都能解答，所有的障礙身體都能排除，幾個關鍵因素是：決心、信任和時間。還在疑惑的此時，腦袋依然充滿問號的此刻，先練習用心

感受關心你健康的人一句話，他哪一句話讓你有心動的感覺了？
他哪一種態度讓你感動了？

用心感受勝過用腦思辨，用心連接身體的立場和想法，用心連結
未來的生命品質。回想曾經熱戀的感覺，和自己好好戀愛一次，
為自己算命吧！

> 換一個視角為自己算命，換一種態度為自己決定命運，
> 換一種生活模式徹底更新自己的命運。

週休二日

從上班族的經驗論述每週放身體兩天假的基礎，發現更多人能夠同理身體的立場，可是知道和做到總是兩回事。

為何做不到，是不願意，還是不相信呢？我個人深信不相信是根基，畢竟同理身體是多麼抽象的概念，身體都沒說話，要同理什麼呀？自閉症患者在不熟悉的場域選擇不說話，身旁的人以為他是啞巴，直到有一天突然開口說話，驚動了所有人。與其說熟悉環境，不如說是被感動、被啟發，因為被關懷而感動到願意融入，和身體對話也是類似的劇本。

親人對著被判定腦死的家屬說話，或是播放他喜歡聽的樂曲，幾個月或幾年後，植物人突然甦醒過來。釐清身體復甦的過程，似乎也是剎那之間貫通，好比淤塞多時的水管或血管突然暢通，好比黏附在腸道黏膜上的毒垢突然剝離，好比難解的習題突然解開。我把細胞自噬比喻成一個虛擬開關，遠離身體韻律的作息導致開關被迫關閉，這是身體進入失衡失控的一種跡象，身體呈現

各種退化老化跡象都是開關緊閉的訊號。繼續回想身體取得全然平衡的那一刻，自主恢復了，內分泌平衡了，細胞自噬開關打開了。

這就是滴水穿石的故事，也是台上十年功的演練，身體的需求就是自主，是時間軸的合理分配，是能量運用的合適調配，是消化負擔的必要隔離。

限時飲食是自律的養成，是尊重身體時間軸的展現，讓身體得以週休二日休耕，持之以恆的練習，期待身體突然貫通的那一刻。身體有韻律，好比心跳脈搏的節奏，好比交感副交感的交替，好比血清素褪黑激素的輪替，好比晝夜在大腦、腹腦和腸道細菌之間的共同默契。每日一餐熟食是我的紀律，每週放身體兩天假是我對身體的敬意，維持在這種節奏中變成一種技能，持之以恆取得身體最佳的平衡穩定。

住在山邊，不時有來自大自然的蟲鳴鳥叫陪伴，牛蛙的節奏感和蟬的樂曲此起彼落的演出，一首會讓我重複欣賞的歌曲，其節奏肯定有勾引我快樂荷爾蒙的實力。如果穩定而且持續的節奏可望獲得身體即時的回應，每日一餐最好進入穩定的節奏，週休二日也得維持最穩定的節奏，意思是最好把每日那一餐固定在同一個時段，最好把每星期身體休假日鎖定在固定的兩天，不宜經常的更動。結合每日一餐和週休二日的最佳典範正是所謂兩日一餐的一天休一天吃，適用於讓身體快速調整頻率，適用於讓身體快速回歸自主，適用於呼應身體長期失衡者的改變決心。

耳機傳來令我喜悅的節奏，配合著雙腳的前進，我在內湖大湖公園的美麗景觀中串聯身體渴望節奏感的傳導。

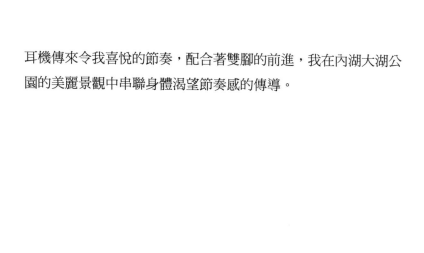

如果穩定而且持續的節奏可望獲得身體即時的回應，每日一餐最好進入穩定的節奏，週休二日也得維持最穩定的節奏。

108 見毒

記憶中有一種景觀，那是女廁，門口大排長龍，排隊者很有秩序，也顯現耐心。

這件事可以不急不徐，可是必須要完成，這是一件絕頂重要的工程。

這是一種傾倒垃圾的行動，是將身體裡面的廢棄物移除到身體之外的動作。

行動源自於身體所提供的訊號，從身體的立場，那是排毒的提醒。

排毒很必要，屬於身體的例行公事，屬於養生的基本動作。

毒必須要清除，身體知道，也想方設法提醒我們知道。

身體提醒我們的方式很多，內急很平常，這終究是執行效率最高的清毒行為。

疲累也是一種身體處心積慮的提醒，身體清楚睡著了就不會有食物來打擾。

疼痛呢？是否疼痛才是身體最為沉重的呼籲？是否疼痛才是身體最不得已的吶喊呢？

只知道痛而不清楚痛源何在，這是多數人最刻骨銘心的淤塞經驗，知道淤塞，不知道塞了什麼。

毒有兩種，一種看得到，一種看不到。

淤塞有兩種，一種摸得到，一種摸不到。

淤塞的種類又可以分成實體的淤塞以及情緒的淤塞，後者就是多數人最難以捉摸的囤積。

排毒有很多種，不管多麼努力，最終都必須交給身體去執行廢棄物的輸送。

情緒毒最難丟，不是身體不會丟，是我們的意識不配合，是我們的立場太執著。

醫院的手術房取出病患一顆肝臟腫瘤，裡面藏匿的身體的各式毒素。

醫生沒有提醒病患裡面夾帶了哪些物質，而這些物質又是從何而來的。

有一種成分最為奇特，它不存在腫瘤裡面，卻留給腫瘤最為真實的存在。

這一種成分我們可能不熟，可能也極度熟悉，最完整的名稱是憎恨。

還有一種成分一定存在，而且很多，那是一種顆粒狀的毒垢，數量很多。

讓外科醫師來協助排毒也是一種排毒，我們都知道這種外力對身體極度折騰。

我們可以透由手術見到毒，那真是最真實的看見，非常具象的毒垢。

我們也可以對身體展現最大的信任，讓身體去清毒，然後親眼看到身體丟出來的毒。

每天多次的如廁都在親眼見證身體排毒，司空見慣之後，我們忘了身體的努力。

躺在馬桶內的腸道廢棄物也可見證身體的努力，我們也都清楚那些東西都來自我們吃進肚子的食物。

毒實質存在於身體內，不論是食物轉換出來的毒素，和是負面情緒轉換出來的毒素。

眼不見為淨不應是一種毒素觀，最後見到的是身體無法繼續容忍的引爆。

腫瘤就是一種集結各種毒素的現象，也是長期毒害身體的結果。

生氣是一種聚集毒素的過程，發怒是一種快速集結並累積毒素的途徑。

見證毒素已經是現代人迫切需要的養生動力，認清各種毒素的殺傷力更是身處各式汙染下的必要養成。

宿便是毒，肝膽毒垢是毒，經由疼痛所呈現的各種身體管道淤塞都是毒。

疼惜身體，體恤身體的辛勞，練習斷食讓身體有清出宿便的機

會。

肝臟是身體最勞累的器官，熟練肝膽淨化好讓身體能清出可觀的肝膽毒垢。

永遠同理他人，不與人對立，不陷入紛爭，讓身體有機會理出所有淤積的心毒。

見毒是養生良策，見毒是健康的希望，見毒是愛惜生命的練習。

永遠同理他人，不與人對立，不陷入紛爭，
讓身體有機會理出所有淤積的心毒。

單
純
的
無
敵

人類在地球上經歷過環境的重大變遷，五十歲曾經是不容易活到的歲數。

獲取食物的能力和生存能力提升之後，原住民的平均壽命不斷延長。

延年益壽永遠是人類會關注的議題，健康活著永遠是擁有生命者的心願。

人可以活多長是科學家所關注的議題，人為何而活屬於哲學家所關注的議題。

你是關心前者還是後者，牽動了你的生命長度，或說品質。

健康和壽命似乎存在連帶關係，兩者之間唯一的變數就屬生命的品質。

這是一個邏輯議題，有生命就應該有健康，抑或有生命可能失去健康。

我們都有誤會他人的經驗，我們也都有看錯人的生命經驗。

所以誤解了生命也就不足為奇，所謂誤解生命是指不知道擁有生命的道理。

想盡辦法延長壽命和想方設法賺很多錢異曲同工，都不是生命的必要提綱。

富翁這個名稱給你的印象是否等同財富，長壽這個名稱給你的印象是否等同健康。

有沒有可能，人本來就應該要健康，不健康是誤解了健康，不健康是誤解了生命。

健康的定義應該是生命的本質，健康應該是生命的原始存在。

我們把單純的健康複雜化了，我們把一件很簡單的事情放大到遠離事情的本質。

把醫療連結健康是最大的謬誤，醫療不斷發展的結果，健康完全失焦。

把所有的文明重症一一列出，琳瑯滿目的呈現就源自人們對身體的誤解。

思考兩則和免疫力相關的醫療成就，一是從救急到變成一種專業的剖腹產；另一是和養殖業相關的配方奶粉，母體的原始天賦被醫療和營養產業打入冷宮。

人類果真無所不用其極的否定自己的身體，可以單純的健康變成複雜的病痛。

食物即藥如果是真理，身體無敵就應該是無懈可擊的真相。

台灣具備發展發酵產業的天然實力，有天意就會有被上天指定的天命。

感謝酵素工廠一夜的促膝長談，我的人生從此進入無止境的領悟和領受。

免疫系統的生命力來自於細菌和酵素的能量，單純的理解進入單純的執行。

喚醒身體意識的警悟帶領我深入斷食的世界，和身體對話互動成為養生最精準的覺悟。

拉出一段不食用精緻食物的時間線，從每天進行到每週，我們還原身體單純的無敵。

人可以活多長是科學家所關注的議題，
人為何而活屬於哲學家所關注的議題。
你是關心前者還是後者，牽動了你的生命長度，或說品質。

永遠不會忘記人生第一次一星期沒吃是怎麼度過的，那時候身旁
有一桶酵素，當時已經把斷食的酵素當成營養，而不是商品。這
是很重要的聚焦，十多年來，酵素是生活必需品，我把它定義為
生命，生命是食物的本質，我們因為食用生命食物承接食物的生
命。由於清楚從契作到整體發酵過程的辛苦繁複，獲得酵素生命
力的成本對我來說相對低廉，在個人消費選項中一直都是首選，
即使物品的實質是一種商品，我從未就商品的角度看待身體休息
時的珍貴糧食。

「視窗」是我想強調的第一個重點，把酵素當產品看待就有對應
的價格，錢可以買到的東西就會出現價格和品牌的取捨，當使用
形成一種消費壓力時，酵素的價值就逐漸遞減。消費和壓力之間
的相對關係不難理解，很想擁有的物品卻買不起，即使只是單純
的基本生活配備。如果酵素被你定義在奢華品，那是很大的誤
解，你必須從身體的獲得來解讀酵素的益處，你也必須從身體擁

有豐沛酵素和缺乏酵素的極端去擬定養生動機。

「台灣」是我想分析的第二個重點，假設在一個不容易買到酵素的地區，譬如說歐洲或是美洲、南美洲，限時飲食的執行和體悟就相對艱難，想要執行深度斷食更是相對有困難度，可是這些地區都有人撰寫針對間歇性斷食的書籍。或許植物發酵液不是執行和體悟的關鍵，可是從體悟深度和廣度論述，酵素的重要性不言而喻。把斷食和酵素結合在一起不是台灣的專利，卻是台灣人的機會，所謂機會就是遠離疾病的機會，堅守酵素斷食文化是我們的責任，從極端氣候和糧食短缺的發展，台灣人更應該珍惜這難得的福分。

「超越」是我想陳述的第三個重點，延續視窗的論述，停留在價格就看不到價值，停留在營養就很難理解食物的生命，停留在思辨就不容易進入身體的脈絡，停留在知識面就不可能創造行動所帶來的貫通。超越的意義從各種思考框架而來，框架是人性的產物，既得利益是一種，商業結構是一種，人類的傲慢自大是一種，自我設限也是一種，由於框架的存在，多少人在擔心、不足和恐懼害怕中終結自己美好的人生。不往外求而往內證，不看需求看擁有，被動轉成主動，願意為自己的生命負全責就不斷超越。

試著在代價的思維中超越對於酵素的印象，酵素是產品，也不是產品；酵素有價，也無價；酵素不便宜，也便宜；酵素在台灣容

易取得，在國外就不是如此這般。我的人生劇本中有一段出國深造的計畫，或許也不排斥直接旅居國外，結果被老天爺硬是留在國內，此刻回溯，這真是天造地設的美好際遇，當然也欣然接受這神聖的任務。

堅守酵素斷食文化是我們的責任，從極端氣候和糧食短缺的發展，台灣人更應該珍惜這難得的福分。

III 究竟

到處都是對於健康充滿惶恐不安的人，到處都是對於未來充滿不確定感的人。

到處都是謹記醫生指令苟延殘喘的人，到處都是每天都服用一大把藥物的人。

到處都是把身體的症候當成病痛的人，到處都是身體有狀況才尋求解方的人。

到處都是堅信身體一定每況愈下的人，到處都是身體裡面囤積大量毒素的人。

到處都是臉上皮膚充滿斑塊暗沉的人，到處都是身上會散發出奇怪味道的人。

到處都是身上承載著肥厚脂肪層的人，到處都是執意把健康委託給別人的人。

想要有健康的身體，卻堅持做破壞健康的行為，卻執意要走遠離健康的道路。

想要有健康的身體，卻堅持不愛惜自己的身體，卻讓食物和藥物來傷害身體。

想要有健康的身體，卻不願把身體連結大自然，卻不試著從身體的立場思考。

想要有健康的身體，卻永遠和身體處於對立面，卻總是配合大腦獨斷也獨行。

想要有健康的身體，卻經常透過負面情緒下毒，卻不給身體有任何申訴機會。

想要有健康的身體，卻放任自己慵懶而且怠惰，卻不相信健康有賴積極主動。

健康存在很難跨越的障礙，對立情結終身修不過，仇恨心結最終撂倒當事人。

健康存在很難跨越的障礙，我是對的終身拆不掉，辯論習性最終撂倒當事人。

健康存在很難跨越的障礙，傲慢自大終身解不開，我最厲害最終撂倒當事人。

健康存在很難跨越的障礙，被害心態終身放不下，委曲求全最終撂倒當事人。

健康存在很難跨越的障礙，理所當然終身合理化，不求甚解最終撂倒當事人。

健康存在很難跨越的障礙，視而不見終身騙自己，謊話連篇最終撂倒當事人。

遠離病痛的基本養成，照顧自己是首要，關愛自己為最根本的要求。

遠離病痛的基本養成，腸道健康是首要，菌相豐沛為最基本的要求。

遠離病痛的基本養成，淨化身體是首要，乾淨暢通為最基本的要求。

遠離病痛的基本養成，情緒穩定是首要，同理他人為最基本的要求。

遠離病痛的基本養成，激素平衡是首要，睡眠充足為最基本的要求。

遠離病痛的基本養成，身體自主是首要，限時飲食為最基本的要求。

信任是基本功，信任身體，信任自己。
寬恕是基本功，寬恕他人，寬恕自己。
感恩是基本功，感恩身體，感恩際遇。
同理是基本功，同理他人，同理身體。
珍惜是基本功，珍惜生命，珍惜緣分。
究竟是基本功，究竟真理，究竟真相。

想要有健康的身體，卻放任自己慵懶而且怠惰，
卻不相信健康有賴積極主動。

不生氣 不對立 不堆積

有一種生命體會，記錄了艱困，事過境遷回顧，發覺那是美麗的艱困。

有一種人生經驗，感覺人生好苦，不是太遙遠的某一刻，覺得人生真美好。

對一件事的體會曾經是那麼的困難，時空轉換後卻笑談同一件事太容易。

學習前人的經驗，記錄自己的體驗，自己的足跡彌足珍貴。

都是別人幫你做好的事，永遠不用做，也不會做，那肯定困難。

難易相近，真假難辨，似是而非，學習而知所明辨。

學習問對問題，行動而發掘問題，問題的真相都在事情的本質。

人最關心身體有沒有問題，因為沒有機會明白身體的本質。

問身體最關心什麼，問身體都在想什麼，問身體最想做什麼。

如果身體的意識存在一件超級重要的事情，那會是什麼？

身體執行重要任務的時機是身體自主的時候，證實是空腹的時候。

為何空腹的時候身體回歸自主，因為空腹是身體回歸自然本質的契機。

空腹無法傳授，必須自行驗證，越熟練空腹越能接收身體的訊息。

空腹提供身體自主的機會，身體無力自主和飲食習慣密切連動。

空腹提供身體能量轉換的契機，空腹的意境不全然反應飢餓。

食物酵素胃是空腹的代名詞，讓食物自行發酵是空腹的另類表象。

食物酵素胃是天然食物的溫床，食物有酵素是空腹的另一種概念。

讓空腹成為生活中的常規習慣，和身體對話成為養生的基本功夫。

身體被賦予的行動綱領是維持生命跳動，身體的職責是維繫健康。

彙整身體執行任務的優先順序，和身體深度對話之後得知除垢是首要。

垢是不當的囤積，垢是不應該存在的淤塞，垢也是應該被淘汰的認知。

大自然一直存在除垢的行動，細菌是大自然所有生物之間的除垢小尖兵。

大自然資源的轉換有賴細菌的天賦，生物的生命力有賴細菌內外的加持。

從除垢的需求看到人類的高傲，從除垢的練習看到示弱和臣服的力量。

不健康源自身體的汙垢，思考有垢，情緒有垢，身體管道處處藏汙納垢。

垢是毒，垢有強大的毒性，所有毒都能終止生命的跳動。

傲慢是一種垢，身段是一種垢，不學習和不願意改變都是人的毒垢。

人有情緒，人會生氣，生氣可以是人格特質，可能是生活習性。

情緒製造對立，意見不合造成彼此對立，對立製造情緒更大的波動。

情緒堆積形成垢，怒氣囤積變成毒，情緒堆疊形成身體的毒垢。

休息是睡眠的一種表徵，睡眠是身體除垢的時機，睡眠是身體暢通的整頓。

流汗是運動的一種表現，運動是身體除垢的機會，運動是身體暢通的準備。

身體要暢通，身體想除垢，我們該接通身體超級重要的企圖。

身體不要淤塞，身體不要堆積，我們該接通身體最想完成的斷捨離。

身體不想囤積負面情緒，身體不要堆積對立情結，我們該接通身體最迫切的釋放。

養生好難，養生也好簡單，轉念只要相信身體，健康只要練習接通身體的設定。

我的養生筆記

我的養生筆記

我的養生筆記

Organic_活力 05

幸福除垢學
──滌除心垢、腦垢、身垢，踏上身心靈煥然覺醒的旅程

作　　者：陳立維
主　　編：林慧美
校　　稿：尹文琦、吳青靜
封面設計：楊啟巽工作室
美術設計：邱介惠

發行人兼總編輯：林慧美
法律顧問：葉宏基律師事務所
出　　版：木果文創有限公司
地　　址：苗栗縣竹南鎮福德路124-1號1樓
電　　話：(037)476-621
客服信箱：movego.service@gmail.com
官　　網：www.move-go-tw.com

總 經 銷：聯合發行股份有限公司
電　　話：(02)2917-8022　　傳真：(02)2915-7212
製版印刷：禾耕彩色印刷事業股份有限公司
初　　版：2023年8月
定　　價：450元
I S B N：978-626-96731-8-6

國家圖書館出版品預行編目(CIP)資料

幸福除垢學：滌除心垢、腦垢、身垢，踏上身心靈煥然覺醒的
旅程／陳立維著. --初版. --苗栗縣竹南鎮：木果文創有限公司,
2023.08
416 面；14.7×21公分. --（Organic活力；5）

ISBN 978-626-96731-8-6（平裝）

1.CST: 靈修 2.CST: 幸福

192.1　　　　　　　　　　　　　　　　112010151